허기사회

• 일러두기 •

- 이 책은 학술지 『커뮤니케이션 이론』(2012년 8권 1호)에 실린 저자 주창윤의 소논문 「좌절한 시대의 정서적 허기: 윌리엄스 정서의 구조 개념 비판적 적용」을 토대로 저자와 글항아리 출판사가 기획 취지에 맞게 재구성 및 추가한 내용을 담았다.
- 인명과 지명은 외래어 표기법에 따라 표기했다.

Arcade Project
아케이드 프로젝트
002

허기사회

한국인은
지금
어떤 마음이
고픈가

주창윤

글항아리

아케이드 프로젝트Arcade Project를 시작하며

아케이드 프로젝트는 한 편의 논문을 단행본 교양서로 펴내는 '원 페이퍼 원 북one paper one book' 시리즈다. 대개 논문 한 편은 그 분량이나 주제의 측면에서 한 권의 책에 미치지 못한다고 생각하는 것이 일반적이다. 하지만 아케이드 프로젝트는 그런 고정관념을 깨고 잘된 논문의 깊이 있고 첨예한 문제의식을 경량화한 그릇에 담아 시대를 해석하고 대중과 소통하는 일에 적극적으로 활용하고자 한다.

대학에 논문 중심의 업적평가제도가 자리잡으면서, 매해 수천 편의 논문이 다양한 지면을 통해 발표되고 있다. 석사 이상의 학위를 가진 많은 연구자가 매해 한 편 이상의 논문을 써내며 엄청난 논문이 재빠른 속도로 쌓여가고 있지만, 정작 논문 생산에 쏟아붓는 에너지의 극히 일부조차 그것이 읽히고 담론화되는 것에는 쓰이지 않는 실정이다. 오늘날 한 편의 논문은 학술대회에서의 발표와 토론, 학술지 심사위원과의 토론과 수정 등 생산 과정에서 주고받는 의견 교환을 제외하면 대중에게 거의 노출되지 않고, 한 사회의 지식담론에 기여하는 통로가 철저히 차단되어 있다.

국가 주도의 학술지원 시스템이 문제라는 얘기는 해마다 되풀이되고 있지만 정작 해결책은 쉽사리 찾아지지 않는다. 논문에 대한 질적 평가제도 구축, 논문을 쓰는 데 더 많은 시간이 투여되어야 한다는 등의 주문과 모색은 시간이 지나도 쉽사리 현실화되지 않고 있다. 더 본질적인 문제는 좋은 논문을 '쓴다'에만 시선을 기울이지 그것이 읽히고 공론화되는 문제는 전혀 논의조차 되지 못한다는 것이다.

오늘날 인문학 출판사들은 갈수록 어려운 글을 기피하는 대중과 양질의 인문서를 집필할 시간이 없는 저자들 사이에서 엉거주춤한 모양새를 취하고 있다. 한 사람의 지자가 하나의 주제를 깊이 있고 흥미롭게 파헤치는 책은 내기 힘들어지고, 여러 사람이 쓴 여러 관점의 글을 단순하게 묶어서 낼 수밖에 없는 현상이 되풀이되면서 학술 출판에 대한 대중의 외면과 출판인들 스스로의 자괴감은 깊어지고 있다. 국내 대부분의 인문학 출판사들은 국내 저자들의 저서를 통해 존립할 수 있는 자생력을 잃어가고 있으며 이는 번역서에 대한 심화된 의존과 몇몇 유명 저자에 대한 쏠림 현상을 빚고 있다.

상황이 이렇다보니 의미 있는 문제의식을 가진 잠재적 저자군은 논문 쓰기에 지쳐가고, 몇몇 유명 저자의 인기몰이를 지켜보면서 상대적 박탈감마저 느낀다. 인문학 출판사들 또한 저자 확보에 대한 과도한 경쟁과 대중의 유행에 맞게 인문학에 알록달록 옷을 갈아입히면서 스스로 문사철의 결기를 흩어놓곤 한다.

'아케이드 프로젝트'는 이런 시스템적 불협화음에서 작은 해결의 실마리를 찾아 인문학 부활을 시도하는 하나의 작은 노력이다. 학계의 주목할 만한 논문 한 편을 책 한 권에 담아 맛있게 내놓음으로써 학계와 독자 사이에 새로운 가교 역할을 해보고자 한다. 기존의 무겁고 어렵고 딱딱한 학술서 이미지를 탈피하고 가볍지만 날렵한 문제의식으로 유기적인 지식담론을 창출하고자 한다. 그럼으로써 논문 쓰기와 책 저술이 별개의 행위가 아니라는 인식을 널리 공유하고자 한다. 앞으로 '아케이드 프로젝트'가 고비용 저효율의 지식생산 시스템에 작은 스파크로 작용해 우리 사회 다양한 영역의 폭넓은 문제에 발 빠르게 대처하고 인문학의 동시대적 고민을 보다 집중력 있게 해나갈 수 있기를 기대한다.

글항아리 편집부

프롤로그

'빈 밥그릇'의 허기

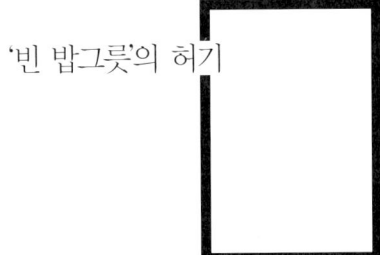

정서적 허기

우리 사회는 두 개의 위장胃臟이 있는 듯하다. 인간의 위장처럼 음식물이 들어가면 '채워지는 위장'과 무엇인가 들어올수록 '비워지는 위장'. 전자가 시스템의 위장이라면, 후자는 정서의 위장이다.

    우리 사회는 시스템이나 네트워크로 긴밀하게 채워지고 있다. 그것들은 체계적인 연결망을 형성하고 있으며, 무엇인가로 넘쳐나는 듯하다. 그러나 우리 시대의 정서는 허기로 가득하다. '과잉 속의 허기' '허기 속의 과잉'이라는 모순이 우리 사회의 정서를 지배하는 중이다.

어느 시대에나 그 사회적 경험 속에서 형성되는 '마음들'이 있다. 이 마음들은 이전 시대와 다르며 전이되지도 않는다. 공유되는 마음들은 동시대성을 반영한다. 마음은 개인적이고 주관적인 경험이지만, 특정 시대의 구성원이 공유하는 상호주관적인 마음들도 분명히 존재한다. 그 마음들은 사회 변화에 따라 가변적이고 섬세하게 작동하기 때문에 쉽게 파악되지 않는다.

다양한 사회적 경험, 갈등, 모순들은 직접 마음들에 반영되기보다는 마음들을 구성하는 데 한계를 설정한다. 여기서 한계를 설정한다는 것은 사회의 정치적·경제적 특성이 마음들에 직접적으로 영향을 미치는 것이 아니라 마음들이 작동하는 어떤 범위를 설정한다는 것이다. 이렇게 특정 시대, 특성 사회 안에 흐르는 공통적인 마음들은 다양한 개념으로 정의되어왔다.[□]

'정서의 구조'나 '마음의 레짐' 같은 개념은 사실상 비슷한 용어다. 정서나 마음은 행위자의 습관화된 감정 표현이고, 구조나 레짐은 이런 감정 표현에 간접적으로 영향을 미치는 시스템이다. 마음(정서)과 레짐(구조)은 사회의 진정성을 포착하는 데 매우 유용하다. 그것은 사회 안에서 잘 보이지 않는 집단적인 마음의 상자를 열어주는 열쇠인 셈이다.

나는 마음과 정서를 같은 의미로 받아들인다. 그러나 감정[affectus], 정서[emotion], 느낌[feeling]은 다르게 정의되기도 한다. 스피노자에

[□] 특정 시대의 사회적 경험이 용해되어 공유되는 마음들과 관련해서, 윌리엄스는 '정서의 구조structures of feeling'(Williams 1961;1977), 뒤르켐은 '집합표상collective representation'(Durkheim 1895/2001), 김홍중(2009)은 '마음의 레짐'이라고 정의한다.

게 감정은 정서와 느낌을 포괄하지만, 인지과학자 다마지오□는 감정을 정서와 느낌으로 구분한다. 정서는 몸의 지각으로 나타나는 물리적 반응이고, 느낌은 정신적 반응이다.[1] 따라서 정서는 몸의 과정이고 느낌은 마음의 과정이다. 노동이 어떻게 감정을 상품화하는가에 관심이 높았던 사회학자 혹실드□□는 『감정노동』에서 느낌과 정서를 시각·청각과 같은 감각으로 바라본다.[2] 그러나 나는 문화적 관점에서 정서를 우리가 시대를 살아가면서 현재적이라고 느끼는 특징들, 몸에 와서 닿은 사회적 경험이 용해된 것이라는 포괄적인 의미로 사용하고자 한다. 정서는 개인적 심리 과정이지만 그 이상의 문화 형성 과정이다. 따라서 정서는 '문화의 패턴patterns of culture'을 파악하는 중요한 토대가 된다.

어느 사회에서나 다양한 문화의 패턴이 존재한다. 그것은 정형화된 특징으로 나타난다. 그렇다면 우리 사회의 문화적 특징 아래에 깔려 있는 것은 무엇인가?

이 질문에 대한 나의 대답은 '정서적 허기sentimental hunger'다. '허기'는 말 그대로 하면 배고픔이다. 그러나 내가 말하는 정서적 허기란 배고픔을 의미하지 않는다. 육체적 배고픔은 욕구need다. 배가 고프

□ Antonio Damasio. 포르투갈 출신의 심리학자·신경학자. '데카르트의 실수'라는 개념을 선보이며 인간의 감정과 감각 등이 모두 이성에 개입하고, 강력한 영향력을 행사한다는 주장을 펼쳤다.

□□ Arlie Russell Hochschild. 『감정노동』 『두 번째 전환』 등의 책을 통해 감정과 문화의 관계를 조망하면서 가족, 글로벌 체제 내 돌봄노동, 시장문화의 특수성을 연구한 감정사회학자.

면 밥을 먹거나 허기진 위장을 채우면 된다. 그러나 우리 사회 구성원들은 욕구의 배고픔이 아니라 갈증의 배고픔에 빠져 있다.

정신의학자 굴드▫는 탐식환자들을 심리치료하면서 왜 사람들이 먹는 것을 멈추지 못하는가를 탐구했다.–3 정신과 의사인 그에게 온 많은 환자는 사랑에 실패하거나 다른 사람이 몹시 미워서, 혹은 다른 여러 이유로 과식을 하고 탐욕스럽게 먹어도 배가 고프다고 호소했다. 환자들의 탐식 기저에는 '무기력증'이 있었다. 식욕은 자신의 무기력증을 메우려는 시도다. 그러니 아무리 먹어도 탐식은 해결되지 않는다. 환자들이 갖고 있는 무기력증을 해소하지 않는다면 말이다. 따라서 그가 제기한 것은 '정서적 식욕 emotional eating'의 문제였다. 결국 폭식이나 탐식은 먹는 문제가 아니라 특정 개인이 처해 있는 마음의 문제였다.

우리 사회는 탐식환자와 유사한 증상을 보이는 것 같다. 우리는 이미 식탁에서 밥을 먹었다. 욕구는 해결되었다. 그러나 우리는 남아 있는 빈 밥그릇을 보면서 허기를 느낀다. 나는 이 마음들의 상태를 '빈 밥그릇의 허기'라고 생각한다. 우리는 욕구만 채우면 되는 동물이 아니기 때문에 채우고 싶어하는 욕망들을 갖고 있다. 그러나 그 욕망은 채워지지 않고 있어서 허기는 더 큰 허기를 야기한다.

▫ **Roger Gould.** 정신의학자. "인간에게는 몸속 위장이 아닌 정서와 관련된 '유령 위장'이 따로 있다"고 주장했다. 컴퓨터와 웹을 활용한 심리치유 기술을 발전시키는 데도 앞장섰다.

서플
먼트

마음의 사회문화적 개념들

주목할 만한 마음의 사회문화적 개념 가운데 먼저 레이먼드 윌리엄스가 문화 분석을 위한 개념틀로 제시한 '정서의 구조structures of feeling'가 있다. 그는 특정 시기에 나타나는 가치체계로서 시대정신을 논의하면서 그 기저에 깔려 있는 당대의 정서적 반응에 관심을 기울였다. 당대 문화의 패턴이 다양한 사회적 관계에 대한 정형화된 결과물이라면, 정서의 구조는 그런 결과물 아래에 놓인 심층적이고 공통적인 경험이나 정서를 뜻한다. 정서의 구조에서 경험들이란 주관적·정서적이며 무엇보다 사회적인 것과 구별되지만 그렇다고 완전히 개인적인 것으로만 간주될 수는 없다. 그것들은 또한 계급이나 경제 관계 혹은 제도화된 것으로도 단순화할 수 없다. 윌리엄스는 특히 정서의 구조가 경제관계의 변화나 정치관계의 변화와 유관한 특정 기간에 만들어진다고 본다. 그는 정서의 구조를 부상하는 단기적 경험이나 정서(긴장 관계, 불안, 변화, 혼란 등의 복합적 형태)로 규정했다.

근래 눈여겨볼만한 개념은 김홍중의 『마음의 사회학』에서 나온 '마음의 레짐'이다. 그가 주장하는 마음의 레짐에는 87년 체제, 97년 체제 같은 연대기적 단위 설정과 분할이 지양되는 가운데, 사회적·경제적 변동의 국면적 지배라는 요인이 간과되지 않는다. 무엇보다 이 개념을 설명하면서 저자는 에토스, 풍습, 집합표상, 심성, 마음의 습관, 정서의 구조, 세계감 등 마음의 문제에 주목한 개념들을 개괄하며 특히 마음의 레짐이 주목하는 진정성의 기원과 구조라는 측면을 강조한다. 그는 여기서 마음을 인지, 도덕, 미학적 판단의 총체라는 포괄적인 범주로 가리키며 정서적·인지적·규범적 차원의 논의 대상으로 삼는다. 그리고 레짐이란 개념은 집합심리에서 나타나는 주체의 형성을 드러내는 하나의 형식이라 볼 수 있다. 이는 곧 주체들의 삶의 형식을 추상적인 수준이 아니라 구체적·물질적 수준에서 보기 위한 시도라 할 수 있을 것이다.

주창윤, 「좌절한 시대의 정서적 허기: 윌리엄스 정서의 구조 개념 비판적 적용」(2012)과 김홍중, 『마음의 사회학』(2009) 관련 내용을 참고

관계적

결핍

　　정서적 허기는 경제적 결핍과 관계적(문화적) 결핍으로부터 나온다. 경제적 결핍은 문자 그대로 경제적 관계로부터 야기되는 허기인데, 이것은 관계적 결핍을 불러일으키는 토대다. 그렇다고 경제적 결핍이 항상 관계적 결핍을 초래하는 것은 아니다. 예를 들어, 노무현의 죽음이 초래한 상징적 허기는 경제적 결핍으로부터 발생한 것이 아니다. 노무현의 죽음은 진정성의 상실에 대한 정서적 허기를 유발하기도 했다. 반면 박근혜의 부상은 향수라는 퇴행적 반작용의 결과이거나 이미지로 형성된 원칙이나 애국심을 진정성 있게 받아들이는 정서에 기인하는지도 모른다. 이 모든 것은 마음들의 문제와 관련 있다.

문화연구자로서 나의 관심사는 우리 사회의 경제적 결핍이 초래하는 관계적 결핍의 현상들에 관한 것이다. 관계적 결핍은 정서적 차원에서 개인이나 대중이 사회적 상황에서 맺는 '상상적 관계imaginary relations'로부터 나온다. 상상적 관계는 허구적이거나 환상적이라는 것이 아니라 현실적이지만 동시에 초월적 관계를 의미한다. 그것은 자아와 타자(문화적으로 자리매김하고 있는 타자들, 제도, 세대 등) 사이의 관계와 관련된 정서들이기 때문이다. 나는 우리 사회에서 나타나는 개인적 심리 과정 이상으로 문화 형성 과정에서 나타나는 정서를 허기로 보고자 한다.

경제적 배제는 관계적 결핍을 초래하는 데 한계를 설정하지만, 관계적 결핍은 경제적 관계로만 환원되는 것은 아니다. 세대 간 단절, 이념적 단절, 소셜 서비스에서 나타나는 관계의 과잉, 새로운 관계 맺기를 통해서 밖으로 확장하고자 하는 욕망, 개인과 개인의 관계가 가상공간 속에서 이어지는 불안감 등이 관계적 결핍을 야기한다. 가능성이 상실된 현실에서의 탈주는 가상의 관계에 집착하게 만들고, 가상의 관계 속에서 살고 있다는 불안감은 새로운 관계 맺기를 부추긴다. 이 모순성이 심리적으로 보면 관계에 집착하게 만드는 요인이다. 이것은 빠르게 붕괴하는 관계에 대한 불안 심리를 완화해주는 듯하다. 그러나 그것은 일시적 위로일 뿐이지 진정성 있는 타자와의 관계로 나아가는 것은 아니다.

관계적 결핍은 자아와 사회의 긴장 관계가 무너지면서 자아와 사회가 분리되어 자아로 회귀하는 것이다. 자신을 향한 과거로의 회귀는 퇴행이며, 이상적 자아에 대한 과잉 동일시는 나르시시즘이고 진정성의 상실은 분노로 표출된다. 이것들은 IMF 이후 진정성의 토대가 무너지고 신자유주의가 확장되면서 부상했다. 생존이 화두가 되는 사냥꾼의 시대를 살아가면서 우리 사회는 소진消盡 상태에 빠져들어가고 있다. 열심히 노력해도 살아가기 힘들다는 무기력증은 허기를 촉발시킨다. 우리는 지금 허기사회에서 살고 있다.

빈 밥그릇의 허기가 구성하고 있는 것들은 무엇인가? 첫째는 '퇴행적 위로'다. 퇴행regression은 위로의 형식으로 위장된 치유 문화를 만들어내며, 1970년대와 1990년대의 기억을 소환한다. 대중이 현재에서 다음 단계로 나아가는 것이 아니라 과거의 어떤 시절로 돌아가려는 심리적 퇴행이나 자기위로에 빠지고 있는 듯하다.

둘째는 '나르시시즘의 과잉'이다. 이것은 모방 욕망을 자극하면서 희생양 메커니즘을 만들고, 이상적 자아를 과도하게 열망하는 것이다. 20만 명이나 되는 타진요의 회원들, 참가자 수만 200만 명이 넘던 〈슈퍼스타 K〉의 비정상성, 오디션 열풍 등은 타자나 이상적 자아에 대한 모방 욕망의 과잉으로부터 표출된 문화현상이다. 모방 욕망의 과잉은 현실과 욕망 사이의 거리가 도달할 수 없을 정도로 크다는 것을 의미한다.

셋째는 '속물성에 대한 분노'다. 대중은 정의가 무엇인지 알고 싶어한다. 세상은 정의롭지 못하고 권력은 속물적이라고 믿기 때문이다. 분노는 개인의 심리적 반응이라기보다 집합적인 문화 반응이다. 분노는 풍자의 형식으로 권력을 향해 돌직구를 던지거나 폭력적인 역사의 기억들을 되살림으로써 재생산되기도 한다.

사회에서 부상하거나 유행하는 다양한 문화는 시대의 본질을 보여주는 리트머스 시험지다. 그것들은 산酸과 염기鹽基로 가득 찬 우리 시대의 마음들을 명확한 색깔로 보여준다. 우리 시대의 문화는 퇴행, 나르시시즘, 분노의 색채를 띠고 있다. 나는 이것들을 허기사회의 징후로 읽고 관계적 결핍의 결과로 바라본다.

허기사회는 배제와 과잉으로 맥락화된다. 한국 사회는 서구 사회와 같이 탈근대사회가 아니다. 우리 사회는 근대사회와 탈근대사회의 중간 영역에 걸쳐 있다. 승자독식 게임으로 불리는 배제의 논리는 경제 영역에서 뚜렷이 나타나지만 세대나 이념의 영역에서도 두드러진다. 계층, 세대, 이데올로기, 문화 등에서 서로를 배제/포획하고자 하는 갈등은 첨예화되고 있다. 동시에 우리 사회는 커뮤니케이션의 과잉, 연결의 과잉으로 넘쳐난다. 한편으로 배제되고 있으면서 다른 한편으로 과잉되어 있다는 사실은 대중의 복합적인 심리 상태를 초래한다. 과잉 상태에서 나타나는 심리적 배제 반응이 맞물리면서 분노하기도 하고, 스스로를 내면화하면서 신경증, 퇴행, 자살과 같은 병리현상이 확산되기도 한다.

나는 정서적 허기와 관련해 우리 사회의 문화현상들을 동일성과 긍정affirmation의 과잉으로 본다는 점에서 프랑크푸르트학파의 비판이론을 받아들이지만, 다른 한편으로 집단의 정서, 즉 마음들에 초점을 맞추고 있다는 점에서 사회심리학적 관점을 취하고자 한다.

여기서 다루는 문화현상은 2010년 이후 부상한 것들이지만, 갑자기 등장한 것이 아니라 적어도 2008년 전후 한국 사회의 다양한 정치적·경제적·문화적 변동 속에서 형성된 것이다. 이 글에서 다루는 문화들 외에도 의미 있는 현상은 더 많을 수 있다. 그러나 여기서 논의되는 문화현상이 적어도 우리 사회 문화의 단층을 보여준다고 해도 무리는 아니다.

Arcade Project 002

프롤로그 | '빈 밥그릇'의 허기 _006
정서적 허기 \ 관계적 결핍

1장 | 퇴행적 위로 _019
위장된 치유 \ 자아-퇴행 \ 스낵 컬처

2장 | 나르시시즘의 과잉 _041
사이버 희생양 메커니즘 \ 인어공주 콤플렉스

3장 | 속물성에 대한 분노 _055
추醜의 세계 \ 정의의 기억

4장 | 허기의 상황들 _071
배제 \ 과잉

에필로그 | 허기사회를 넘어 _090
게릴라 되기 \ 눈부처 주체

주 _104
참고문헌 _107

1장

퇴행적 위로

위장된 치유 \ 자아-퇴행 \ 스낵 컬처

위장된 치유

힐링이나 치유 문화가 유행한다. 몇 해 전에는 웰빙 열풍이 있었다. 웰빙은 물질적 풍요보다 정신적 여유와 행복을 추구하는 삶의 태도다. 일상을 구속하는 억압과 스트레스를 극복하고, 자연과 조화를 이루면서 마음의 평화를 얻는 것이 목적이다. 웰빙은 육체에 대한 훈육과 정신주의가 결합한 몸 관리의 한 형태였다. 그러나 웰빙 정신은 사라지고 '웰빙 마케팅'이 부상했는데, 이것은 '몸의 마케팅'과 다를 바 없었다. 유기농 채소와 곡식, 식물성 천연재료로 만든 조미료, 녹차 두유, 삼림욕장, 한방 치료와 여행을 함께하는 웰빙 투어, 웰빙 아파트에 이르기까지 그것들은 모두 정신이 사라진 몸의 상품화였다.

힐링의 문화코드가 유행한다는 것은 이제는 몸의 마케팅에서 '정서의 마케팅'으로 확대되었다는 것이다. 감정사회학자 일루즈[□]는 자본이 어떻게 정서를 상품화하고 있는가를 흥미롭게 밝히고 있다.[1] 그녀에 따르면, 미국에서 치유산업은 자기계발 서적, 고통을 겪은 유명인사의 자서전, 심리치료 프로그램, 일반인들의 문제를 해결하는 리얼리티 토크쇼, 각종 격려집단, 온라인 데이트 등을 통해서 확장되었다. 특히 치유산업은 자기계발 내러티브를 성공적으로 상품화했다. 정신치유는 엄청나게 수지맞는 장사이자 번창하는 산업이 되고 있다.

치유 문화는 한편으로 건강과 자아실현을 자아 내러티브의 목적으로 설정하면서도, 다른 한편으로 갖가지 행동을 열등한 자아
—— 신경증적 자아, 병든 자아, 자멸적 자아 ——의
기호 및 징후로 설정했다(이는 치료 문화의 가장 눈에 띄는 특징 중 하나다).[2]

미국의 치유산업은 성공을 위한 자기계발과 우리 자신은 어떤

[□] Eva Illouz. 모로코 출신의 감정사회학자. 자본주의가 어떻게 감정의 패턴을 변화시키는가라는 문제의식 아래 감정이 경제 영역에서 중요한 가치를 지니게 되고, 또 경제적 법칙이 감정 영역에서 중요한 원리가 되는 현상을 '감정 자본주의'라고 주장했다.

측면에서 남보다 열등하다는 일종의 심리적 협박을 통해서 성장해왔다. 정상적인 사람도 모호한 치유심리학에 따르면, 모두 문제 있는 개인으로 규정된다. 치유의 범주는 확장되고 정서의 마케팅은 번창한다.

정서를 상품화하는 방식은 한국이나 미국이나 별다른 차이가 없어 보인다. 그러나 한국 사회에서 주목해볼 점은 자기계발 내러티브의 약화다. 2011년 6월 25일 『조선일보』는 상반기 베스트셀러로 본 한국 사회의 3대 키워드로 좌절한 청춘, 불안한 30대, 분배와 대안을 제시했는데 특히 출판시장의 두드러진 흐름으로 '자기계발서의 몰락'을 꼽았다. 부자가 되는 요령을 알려주는 베스트셀러가 크게 줄었다는 것이다. 여전히 자기계발서는 출판시장을 이끄는 대표 장르로서, 이것은 단기적 진단일 수 있지만 주목할 만한 징후임에 분명하다.

자기계발서의 약세는 한국의 치유 문화가 미국과는 다른 방식으로 전개되고 있다는 것을 보여준다. 미국의 치유 문화가 성공과 건강함(인간관계의 친밀성)을 기반으로 하고 있다면, 사회적 신분상승의 사다리가 붕괴된 한국적 상황에서 성공의 자기계발은 더 이상 위력을 발휘하지 못한다. 한국의 치유 문화는 정서적 위로만을 제공한다.

위로와 치유는 다르다. 위로가 상처받은 마음을 어루만지는 것이라면, 치유는 병적 징후에 대한 처방이다. 한국 사회에서 치유 문화가 유행한다는 것은 그만큼 병적 징후가 만연하다는 것이다. 대표적인 관련 지표는 OECD국가 중 1위를 기록하고 있는 자살률이다. 한국의 자살률은 인구 10만 명당 33.5명으로 OECD 평균 자살률 12.8명보다 2.6배나 높다. 치유 문화는 병적 징후를 자기계발 내러티브, 즉 현재 문제가 되는 나의 병명(문제 상황)을 진단하고 그 목표를 사회적 신분상승의 사다리가 붕괴된 한국적 상황에서 성공의 자기계발은 더 이상 위력을 발휘하지 못한다.

한국의 치유 문화는 정서적 위로만을 제공한다는 점에서 위장된 치유다.

지속

사회

이루고자 스스로를 치유(계발, 혁신, 변형)하는 것을 통해서 극복된다. 그러나 한국 사회의 치유 문화는 경쟁에 지치거나 진 사람들을 위한 위로로 향한다.[3]

치유 문화에서 위로 자체만을 향하는 사례는 수없이 많다. 가령 〈나는 가수다〉에서는 시청자들에게 눈물을 흘리라고 강요하는 듯한 장면이 자주 등장한다. 이 프로그램에서 가수가 노래를 부를 때 전체 시간 중 사분의 일 정도는 청중평가단의 반응 쇼트로 구성된다. 이전 음악 프로그램에서는 롱 쇼트로 전체 관객을 보여주지만, 〈나는 가수다〉는 관객의 클로즈업을 통해서 시청자의 감정적 몰입을 유도한다. 〈나는 가수다〉에서 시청자를 가장 많이 울린 장면은 임재범이 〈여러분〉을 불렀을 때였을 것이다. 이 장면은 상징적으로 우리가 얼마나 울고 싶어하는가를 보여줬다.

『아프니까 청춘이다』는 세대와 '함께' 혹은 세대 '속으로' 들어가서 청춘을 말하기보다, 어느 정도 거리를 두고 인생의 선배가 20대들에게 개인적으로 위로한다. 김난도는 청춘은 여전히 눈부시게 아름답고, 바닥은 생각보다 깊지 않으며, 인생은 하나하나 쌓아가는 퍼즐과 같은 것이므로 누구도 늦지 않았다고 말한다. 혜민 스님의 『멈추면, 비로소 보이는 것들』은 위로를 조금 넘어서 자기치유를 말하고 있다. 잠깐 멈추고 나를 사랑하는 시간을 가지라고 말하기 때문이다. 〈힐링 캠프〉도 다르지 않다. 〈힐링 캠프〉는 치유를 프로그램 기획의도로 제시하면서 정치인, 연예인, 문화예술인 등 다양한 유명인사의 개인 고백을 통해서 이들도 과거에는 얼마나 아픈 상처를 가졌는가를 말한다. 지금은 내가 유명인사가 되었지만, 나도 과거에는 아픈 인간이었다는 것이다. 치유 문화는 자기고백과 고통의 심리학에 기대고 있다. 이것은 '위장된 치유'에 지나지 않는다.

힐링이 하나의 문화코드가 되고 있는 이유는 아마도 '소진' 때문일 것이다. 소진은 말 그대로 '타서 없어지는 것$^{burn-out}$'이다. 타서 없어지는 것은 우리 삶의 에너지나 목표이기도 하고, 사회(혹은 역사)와 나 사이의 적절한 긴장 관계이기도 하다. 소진증후군은 대체로 이상이 높고 자신의 일에 열정을 쏟아붓는 적극적인 성격의 사람이나 적응력이 강한 사람에게서 주로 나타난다. 역동적인 한국 사회에서 열정이 식으면서 침체가 나타나고 좌절이 오면서 소진의 징후가 발생하고 있다. 이렇게 소진되어 나타나는 허기는 정서의 상품화로 판매되고 있다.

여기서 문제가 되는 것은 정서의 상품화가 갖는 문화정치다. 김수미는 치유 문화의 상품화 경향 이면에서 작동하고 있는 정치적·경제적 세력으로서의 시민 주체성이 탈각화하는 부분을 지적한다._[4] 치유 문화의 이데올로기는 인간 본성을 정서적 측면으로만 규정하는 것이다. 개인과 사회 사이의 건강한 긴장 관계는 사라진다. 사회적 쟁점과 관련해서 심리 과정으로 자아에 대한 내적 성찰만이 강조된다. 사회적 인과관계를 규명하려는 노력 없이 정서적 결정론으로 대체되는 것이 바로 탈주체의 이데올로기다. 이제 모든 문제는 정서적으로 완전하지 못한 개인으로 돌려지고 있을 뿐이며, 열등한 정서는 순화되어야 하는 문제적인 것이 되었다. 그리고 성공한 멘토들이 등장해서 위로의 말을 건네고 있을 뿐이다.

소진 상태

서플먼트 2

한병철은 『피로사회』에서 소진을 타자의 차원이 개입되어 있지 않은 우울증의 귀결로 본다. 이는 과도한 긴장과 과부하로 파괴적 특성을 나타내는 과잉된 자기 관계 속에서 나타난다. 이른바 '성과成果 주체'의 등장은 자기 자신과의 전쟁으로 인해 지쳐가는 인간의 등장을 뜻하기도 한다. 역설적이게도 이러한 지쳐감은 "자기 자신의 주인이 될 힘이 빠져가는 주권적 개인의 증상이라기보다는 자발적인 자기 착취의 병리학적 결과이다"라는 게 한병철의 진단이다.

한병철이 철학적 탐색으로 소진 상태의 본연의 의미를 규정해보려 했다면, 김난도·전미영·이향은·이준영·김서영이 참여한 『트렌드코리아 2013』에서는 소진 상태를 한국의 사회문화적 양상에 적용시켜 따져본다. "일이든 공부이든 노는 것이든, '끝을 볼 때까지' 자신을 탈진시킬 만큼 에너지를 소모시키고 '완전한 방전'이 일상이 되어가는 사회"가 곧 소진사회. 그들의 견해에 따르면, 에너지 드링크, 서바이벌 오디션 프로그램, 언어습관, 놀이문화 등의 저변을 관통하는 공통의 요소에는 소모의 자학적 경지를 추구하는 소진 상태가 깔려 있다.

성과중심주의, 경쟁중심주의 사회에서 소진은 은밀히 권장되는 미덕이 되고 있다는 것이 관련 연구자들의 공통된 견해인 것 같다. 우리가 우리 스스로를 불사르지 않으면 살아남을 수 없다는 사회적 분위기가 지금 한국 사회를 뒤덮고 있다는 것이다.

한병철, 『피로사회』(2012) 중 「2부 우울사회」의 내용과 김난도 외, 『트렌드코리아 2013』 (2012) 중 「소진사회」의 내용을 일부 참고

자아

퇴행

위로나 치유와 함께 나타나는 문화현상은 복고다. 복고는 과거에 대한 '향수nostalgia'를 통해서 과거의 삶이 어떤 점에서는 현재의 생활보다 좋았다고 말하는 것이다. 복고는 자아-퇴행의 과정이다. 퇴행은 불안과 좌절을 완화하는 방어기제로서 고착의 강도가 강할수록 혹은 기억의 강도가 셀수록 그전 시기로 돌아가려는 경향이다. 퇴행은 프로이트에게 리비도나 거세공포를 전제로 한 개념이지만, 우리 사회의 문화적 관점에서 보면 세대적 기억으로 향하는 듯하다.

자아-퇴행의 고착은 세대별로 다르게 나타난다. 베이비붐 세대(1956~1962년 출생)와 그 이전 세대의 기억이 1970년대의 낭만과 발전주의에 고착되고 있다면, 30대의 기억은 1997년 봄 첫사랑이거나 고등학교 학창시절로 향한다. 박근혜, 세시봉 열풍, 〈건축학 개론〉〈응답하라 1997〉 등은 세대-퇴행의 모습을 극명하게 보여준다.

베이비붐 세대와 그 이전 세대로 하여금 1970년대를 소환하는 촉매제는 세시봉 바람이었다. 베이비붐 세대는 이제 은퇴를 시작하는 시점에 서 있으므로 퇴직 후 미래에 대한 불안은 20대의 향수로 회귀한다.

나리
명동 무교동을 빨빨거리고 쏘다녔는데~~~
그때가 너무 좋았지요
쎄시봉 음악 들으면 가슴이 뭉클합니다
돌아가고 싶은 시절이 있다면 딱 그 시절이네요~~~

    깜이河河
    을지로 입구 외환은행 앞쪽에 흔목다방, 그 위로 쪼욱 올라가서…… 쎄시봉……
    그때 유행은 판탈롱(넓은)바지에 미디코트, 싸롱구두……
    송옥양장점과 OK양장점…… ㅎ ㅎ ㅎ
    지난날.. 추억을 더듬어 보게 하는 글이었습니다
    ……근데 왜 좀 쓸쓸해지네요. 음악 때문이라고 투정하고 싶네요.

위의 인용글은 한 블로그에서 '세시봉 열풍'이라는 제목으로 포스팅한 글에 달려 있는 댓글들이다.[5] 나리는 "돌아가고 싶은 시절이 있다면 딱 그 시절이네요~~~"라고 그리워한다. 그러나 1970년대의 기억이 세시봉, 훈목다방, 송옥양장점, 판탈롱에 있는 것은 아니다. 이것들은 베이비붐 세대의 선택된 기억일 뿐이다. 이들에게 망각된 기억은 유신체제다. 유신체제의 억압은 의도적으로 기억에서 지워지며 발전주의로 대체되고 있다고 볼 수 있다. 이런 측면에서 보면, 베이비붐 세대나 이전 세대의 선택된 기억으로 낭만과 발전주의는 상동관계homology를 갖는다.

영화 〈써니〉의 배경은 1986년과 현재다.[◻] 나미는 우연히 병원에서 짱이었던 하춘화를 만나면서 고등학교 시절 기억을 되새긴다. 쌍꺼풀에 목숨을 거는 장미, '욕배틀'의 진희, 괴력의 다구발[◻◻] 문학소녀 금옥, 미스코리아를 꿈꾸는 복희 그리고 얼음공주 수지. 이 칠공주파는 또 다른 칠공주파인 소녀시대와 패싸움을 하며 방황한다. 〈써니〉는 소녀들의 성장영화이며, 남편과 아이의 뒷바라지만 하던 주부가 생애 최고의 순간을 되찾는 영화이기도 하다. 영화 후반부에선 나미가 춘화의 병실에 가서 다음과 같은 대화를 나눈다.

[◻] 〈써니〉의 배경이 1986년이라는 것은 흥미롭다. 1986년 고등학교 1학년이었던 이들은 대학에 진학했다면 89학번이다. 89학번은 386세대의 끝부분에 해당되지만 1987년 6월 항쟁 이후의 세대이기 때문에 386세대와 정서를 공유하지 못한다. 또한 이들은 1992년 서태지 이후 신세대에도 속하지 않는다. 현재의 시점에서 보면, 이들은 386세대와 가깝다고 볼 수 있지만, 386세대와 신세대 사이에 위치하고 있다고 볼 수 있다.

[◻◻] 은어로 무기나 기타 도구를 들고 싸우는 것.

"춘화야, 고마워."

"뭐가?"

"나 꽤 오랫동안 엄마, 집사람으로만 살았거든. 인간 임나미,
아득한 기억 저편이었는데…… 나도 역사가 있는, 적어도 내 인생은 주인공이더라구."

"너는…… 얼굴이 주인공 얼굴이야."

〈써니〉가 말하고자 하는 것은 단순하다. 지금은 엄마와 집사람으로 살고 있지만 각자의 삶은 나름대로 역사가 있는 자신 인생의 주인공이었다는 것이다. 즉 자신이 살아온 일상 속의 역사는 배경이 아니었다는 것이다. 중반부에는 써니파와 소녀시대파가 거리에서 패싸움을 하는 장면이 나온다. 여기에는 1986년 민주화운동으로 전경과 시위대가 싸우는 장면과 두 칠공주파의 싸움이 병치되어 있다. 이는 역사가 민주화투쟁이라는 거대 담론으로부터 만들어지는 것이 아니라, 개인사로부터 만들어진다는 것을 역설적으로 보여준다.

거대 역사는 배경이지만, 전경前景에는 개인사가 있다. 1980년대 중반 역사의 주인공은 민주화운동의 주체들만이 아니었다는 맥락을 고려해볼 때, 〈써니〉는 각자가 주인공인 (사회로서의 역사가 아니라) 개인으로서의 역사를 그려낸다. 〈써니〉에서 개인의 역사는 사회의 역사와 분리된다. 사회와 역사 '밖'으로 위치지어진 한 개인의 기억과 경험이 주체로서 인식되는 것이다. 이것은 자아를 자신과 사회의 관계가 아니라, 사회와 역사가 탈각된 상황에서 자신의 '안'으로부터 찾으려는 퇴행적 경향이다.

공동체와 역사의 긴장 관계로부터 자아를 찾지 못하는 사람들

이 자신에게로의 귀환, 정체성을 자신 '밖'이 아니라 자아 '안'으로부터 찾으려는 경향은 397세대▪의 문화에서도 나타난다. 〈건축학 개론〉과 〈응답하라 1997〉, 홍대 앞 '밤음사'(밤과 음악 사이)의 인기, 청춘 나이트 등은 397세대의 기억이 어디로 향하고 있는지를 보여준다. 이 세대로부터 구성되는 1990년대의 기억의 공간은 1997년 봄, 아날로그 문화의 소품들, 당시 대중문화로 채워진다.

〈건축학 개론〉과 〈응답하라 1997〉의 시대적 배경은 1997년이다. 〈건축학 개론〉은 정확한 연대를 말하고 있지 않지만, 35살이 된 주인공이 15년 전 대학 시절 첫사랑으로 돌아가서 벌어지는 이야기이기 때문에 영화 개봉 시점으로 보면 1997년으로 봐도 무방하다. 〈응답하라 1997〉은 담임선생님의 장례식장에 다녀온 고등학교 친구들이 1997년을 회상하면서 시작한다. 이들은 디지로그(디지털과 아날로그) 세대에 속해 있다. 〈건축학 개론〉과 〈응답하라 1997〉은 CD플레이어, 삐삐, 하이텔, DDR, HOT, 다마고찌 등 1990년대 추억을 소환하고 있다.▪▪ 추억의 중심에는 첫사랑이라는 로맨스가 있으며, 그들의 기억에서 가장 행복했던 시간은 IMF 사태가 발생했던 1997년

▪ 397세대는 30대이면서 90학번인 70년대생이다. 현재 이들은 819만 명가량으로 40대(850만 명) 다음으로 인구비중이 높으며, 서태지, HOT로 시작한 아이돌 문화의 첫 소비세대다.

▪▪ 버스커버스커는 2011년 〈슈퍼스타K3〉에서 준우승을 하면서 대중음악계에 등장했다. 이들은 우승자의 특전이었던 음반 제작의 관계를 깨고 2012년 3월 29일 첫 정규앨범을 발표했다. 이들의 음악은 세대를 관통하는 아날로그 감성과 향수를 자극한다. 평범한 사랑 이야기, 서정성, 아련한 옛 시절을 떠올리는 추억, 부담 없는 어쿠스틱 사운드가 대중과 평단의 큰 호응을 얻었다. 이들의 음악은 향수를 자극하지만 과거의 음악이 아니라는 점에서 '당대적 향수contemporary nostalgia'라고 부를 수 있다.

12월 3일 이전으로 '그해 봄'이다.

397세대는 집단적 피해의식을 갖고 있는 세대다. 이들은 10대 후반이나 20대에 부모 세대에게 혜택을 받지 못했다. 30대가 되면서는 거품경제를 겪으며 본인들의 잘못이 없는데도 집단적으로 경제적 불이익을 당했다. 4가구 중 1가구는 '하우스 푸어'다. 397세대가 기억하고 싶지 않은 것은 1997년 12월 발생한 IMF 사태다. 그들은 IMF로 심각한 외상을 입었기 때문에 기억에서 지우고 싶어할 것이다. 이 세대의 현재 삶은 IMF가 설정한 승자독식의 룰 안에 위치되어 있다. 그렇다고 397세대의 정서가 1990년대에 고착되어 있는 것은 아니다. 이 세대가 갖는 정서는 현실에 대한 강한 분노를 담고 있다. 이 세대의 정치적 성향은 서울시장 선거, 총선, 대선에서 보았듯이 다른 어느 세대보다 진보적이다. 이들의 정서는 퇴행과 진보 사이를 오간다는 점에서 양가적이다.

우리 시대의 각 세대는 추억을 소환하지만, 소환하지 않는 기성세대가 있다. 바로 386세대다. 50대 이상은 세시봉과 박근혜를 통한 향수를, 30대는 추억의 소품들을 통해서 첫사랑을 불러내지만, 386세대의 문화는 등장하지 않는다. 이것은 두 가지 이유 때문일 것이다. 하나는 1980년대를 불러내려면 이데올로기를 소환해야 하는데, 이것은 누구에게도 행복한 기억이 아니다. 이 기억은 이미 노무현 정부 때 사용되기도 했다. 다른 하나는 지금의 386세대는 40대 중반으로 현재의 삶이 과거의 삶보다 낫고 가장 영향력 있는 세대이기 때문이다. 397세대가 현재 환경에서 좌절하고, 50대 이상인 청년문화 세대가 은퇴를 앞두고 향수에 젖는 것과는 달리 386세대는 상대적으로 좌절과 향수로부터 떨어져 있다.

스낵 컬처

현실이 힘들고 고통스러울 때 위안을 찾을 수도 있고, 추억을 소환할 수도 있지만 때로는 순간의 달콤함이나 가벼운 웃음도 필요하다. 사회로서의 역사 밖에 위치하고 싶어하는 대중은 초콜릿처럼 한입의 달콤함을 주거나 새우깡처럼 바삭거리는 가벼움의 문화를 추구한다. 이것은 스낵 컬처 snack culture 다.

2007년 5월 미국의 트렌드 잡지인 『와이어드 Wired』는 음악, 방송 등 관련 비즈니스의 다양한 영역에서 '한입 사이즈'로 구성된 엔터테

인먼트 미디어 포맷이 중요한 문화 트렌드가 되었음을 다양한 사례(싱글 앨범, 짧은 동영상 등)를 통해서 보여줬다. 영국의 트렌드 조사기관인 트렌드워칭Trendwatching 역시 2009년 부상할 10대 트렌드로 스낵 컬처를 꼽았다._6 세계적으로 2009년 미디어 영역에서 가장 뜨거운 화두는 아마 트위터의 급성장이었을 것이다. 140자의 한 줄 블로그인 트위터는 스낵 컬처를 대표하는 미디어다. 싸이의 〈강남스타일〉 열풍, 〈도둑들〉〈애니팡〉 등은 우리 사회의 스낵 컬처를 보여주는 사례들이다.

〈강남스타일〉이나 〈도둑들〉은 B급 문화의 전형을 보여준다. B급 문화는 진지함보다는 가벼움, 메시지보다는 재미를 추구한다. 과거 B급 문화는 말 그대로 B급 감독, B급 배우, 섹스와 폭력적 내용, 소자본 등으로 만든 콘텐츠였다. 그러나 지금의 B급 문화는 과거와 다르게 B급 감독, B급 배우, 소자본 등으로 만들어진 것이 아니라, B급 감성으로 가벼움과 웃음을 터치한다.

〈강남스타일〉의 성공 이유는 다양하지만, 그중 하나는 뮤직비디오다. 〈강남스타일〉의 뮤직비디오는 개가수▫의 변용이다. 의상이나 스타일은 복고며, 미녀가 등장하고, 성sex이 소재로 활용되며 몸이 슬랩스틱 코미디처럼 망가지고 뒤틀린다. 차이가 있다면, 〈강남스타일〉은 가수가 노래를 하면서 웃음을 준다는 것이고, UV의 뮤직비디오는 개그맨이 웃음을 주고 노래를 부른다는 것이다.

▫
개가수는 개그맨과 가수의 합성어로 가수같이 노래하는 개그맨을 의미하지만, 말 그대로 '개' 가수란 뜻도 포함되어 있다. 개그맨 유세윤과 뮤지가 결성한 'UV', 유재석과 이적이 함께했던 '처진 달팽이', 정형돈과 래퍼 데프콘이 만든 '형돈이와 대준이'가 대표적이다.

2012년 7월 30일 서비스를 시작한 〈애니팡〉은 한 달이 채 되기 전에 1000만 다운로드를, 9월에는 앱 스토어에도 출시되면서 2000만 다운로드를 기록했다. 〈애니팡〉은 제한 시간 1분 안에 누가 더 많은 점수를 얻는지 경쟁하는 게임이다. 게임의 규칙이나 방식으로 보면 매우 단순한 구조이고 이전에도 수없이 있었던 테트리스 버전의 아류 게임일 뿐이다. 게임 자체로 보면 재미와 중독성이 높은 것은 아니다. 그러나 지하철이나 시내버스를 타고 있으면, 주변에서 〈애니팡〉을 즐기는 사람들이 적지 않다.

〈애니팡〉은 전체 게임 이용자의 순위를 보여주지 않는다. 카카오톡 안에 들어가 있는 친구들 목록이 순위가 되고, 내 점수가 오르면 애니메이션은 누구와 순위가 바뀌었는지 보여준다. 순위는 일주일마다 리셋이 되므로 꼴찌는 만년 꼴찌가 아니다. 〈애니팡〉은 하트가 모여야 게임을 할 수 있어서 하트를 얻거나 8분을 기다려야 한다. 〈애니팡〉은 카카오톡과 연계한 소셜 네트워크를 구성해서 더 많은 내 친구와 경쟁/비교할 수 있고, 하트를 주고받음으로써 네트워크를 형성할 수 있으며, 카카오톡으로 하트를 주고받다 '같이하기' 플레이를 해서 콤보와 리듬을 맞춰가다보면 단순하게 몰입된다.

〈애니팡〉은 한입 사이즈의 게임으로 새우깡과 같다. 우리 일상의 틈새 시간(즉 출퇴근 시간이나 잠깐 비는 시간)은 〈애니팡〉이나 〈드래곤 플라이트〉〈아이 러브 커피〉 등과 같은 게임들로 채워진다. 그 한입의 달콤함 속에는 친구와 경쟁이 있고, 기다리지 못하는 조급함이 있으며 순간의 짜릿함도 있다. 애니팡은 스낵 컬처의 대표적인 게임이지만 그 감성은 '쿼터리즘 quarterism'이다. 디지털 문화가 만들어내는 참지 못하는 환경, 초미세의 지루함을 견디지 못하는 감성에 기대어 우리 시대의 퇴행은 퇴행적 퇴행이기보다는 정-퇴행의 행태로 나타난다. 대중은 불행의 바체와 과잉이 과잉을 나아가 불행의 불-행의 단계음으로써 행복했던 이저 단계로 한계를 이가게 만한 역사가 사족 단계로 행복했던 시절던 그런다 개인 복귀정함의 공간이 될 뿐이다.

있기 때문이다. 바로 이 이유 때문에 한입의 달콤함은 오래 지속되기 힘들다. 대중은 또 다른 스낵을 맛보고 싶어할 것이다.

치유문화 유행에서부터 세시봉, 〈써니〉〈응답하라 1997〉〈강남스타일〉〈애니팡〉에 이르기까지 공통적으로 흐르는 심리적 기제는 '퇴행'이다. 우리 시대의 퇴행은 리비도적 퇴행이기보다는 자아—퇴행의 형태로 나타난다. 현실의 배제와 과잉의 억압은 대중으로 하여금 다음 단계로 나아가지 못하게 함으로써 행복했던 이전 단계로 돌아가게 만든다. 그러나 그 행복했던 시절은 역사가 사라진 개인 경험의 공간일 뿐이다.

문화적 관점에서 보면, 퇴행은 개인의 역사가 사회의 역사로부터 일탈함으로써 자아 내부에서 발생하는 현상이다. 자신의 주체성을 사회와 역사 안으로부터 구성하는 것이 아니라 자아 안에서 찾으려는 자신을 향한 귀환이 퇴행적 위로를 촉발시킨다. 따라서 정서적으로 나약한 개인만이 남게 된다. 탈역사와 탈정치의 메커니즘은 여기서 작동한다. 이와 같은 맥락 가운데 종교, 교육, 예술 등에서 멘토들은 마치 마술사처럼 등장한다. 이들은 탈정치적인 인물들로 인생 성공을 향한 롤 모델이다. 멘토들은 위로의 말을 제공할 뿐 우리가 어떤 사회에서 살아가고 있는지 말하지 않는다. 이들은 우리 사회의 현실이 탈색된 상황에서 삶은 여전히 살 만한 곳으로 말하고 있을 뿐이다.

퇴행은 나르시시즘의 욕망을 부추긴다. 주체의 배제가 심화될수록, 일상적인 꿈이 경제적·문화적 억압에 의해 상실될수록, 그리고 내가 외부세계로 사랑을 발산하지 못할수록 자기애는 증가하기 때문이다.

2장

나르시시즘의 과잉

사이버 희생양 메커니즘 \ 인어공주 콤플렉스

사이버 희생양 메커니즘

과잉사회는 상대를 배제하며 모방한다. 상대를 배제하거나 이상적인 것을 모방하지 않으면 살아남지 못하기 때문이다. 상대방을 배제하는 여러 방식이 있는데, 그중 하나는 희생양을 만드는 것이다. 희생양은 대체로 무고한 존재들이다.

'희생제의'는 문화인류학의 오랜 관심사였으나 고대사회에서만 진행되는 것이 아니다. 우리의 일상에서도 끊임없이 희생제의는 진행 중이다. 희생양은 수많은 제의 속에서 아주 '성스러운 것'으로, 때로는 '폭력적 죄악'으로 나타난다. 희생제의는 한 사회가 동물이나 인간과 같은 희생물을 바쳐서 신의 노여움을 풀고, 신의 은총을 기대하면서 극대화된 갈등을 해소하는 역할을 수행한다. 이것은 '성스러운 것'으로 묘사되어왔다. 왜냐하면 살아 있는 자들은 신에게 희생양을 바침으로써 평온을 얻을 수 있기 때문이다.

그러나 르네 지라르는 희생제의가 사회 내부에 실제로 존재하는 폭력을 행사한 것에 불과하다고 말한다. 그는 희생제의가 모방된 욕망으로부터 나온다고 주장한다.[1] 모방 욕망은 경쟁 관계를 강화시킴으로써 폭력으로 표출된다. 욕망주체, 욕망매개자, 욕망대상이라는 '욕망의 삼각형'은 어떻게 사회에서 희생양 메커니즘이 작동하는가를 설명해준다. 끝없는 모방욕망은 욕망주체가 욕망매개자와 가까운 거리에 있을 때(카인과 아벨처럼), 경쟁 관계가 생겨나면서 질투, 원한, 선망과 같은 미묘한 감정을 낳는다. 욕망주체로서 '나'는 언제나 '매개자'가 소유하는 것(욕망대상)을 욕망하기 때문이다.

우리 사회에서 사이버 희생제의의 폭력은 수없이 많다. 최진실, 가수 유니, 루저녀, 패륜녀 등은 희생제의의 피해자들이었다. 최근 타블로 사건이나 김여사도 마찬가지다. 타블로 사건은 2012년 10월 10일 법원에서 '타진요'(타블로에게 진실을 요구합니다) 회원 8명의 항소를 기각하고 모두 유죄판결을 내리면서 끝났다.

2010년 '타진요' 카페가 개설된 이후, 20만 명이나 회원으로 가입했다. 한 가수의 학력에 쏠린 관심치고는 지나칠 정도로 높았다.

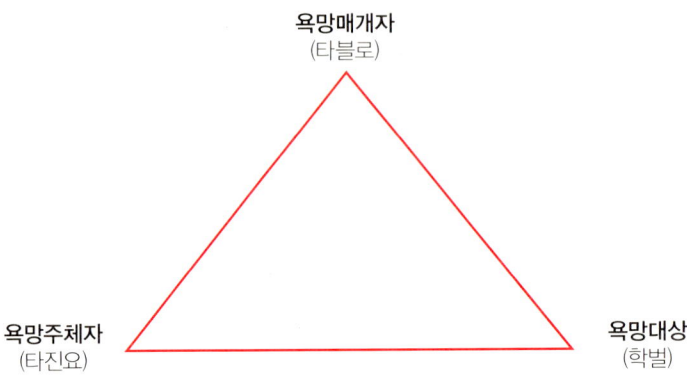

― 타블로의 희생양 메커니즘 ―

욕망매개자
(타블로)

욕망주체자
(타진요)

욕망대상
(학벌)

그중 소수 회원은 끊임없이 타블로의 학력 조작, 증거 조작, 동명이인의 혐의 등을 제기했다. 타블로는 성적증명서를 제출하고, MBC는 타블로와 동행 취재를 통해서 그가 스탠퍼드대를 졸업했다는 것을 증명했다. 스탠퍼드대 측에서도 성적증명서는 조작이 아니라고 확인했음에도 불구하고, 소수의 '타진요' 회원들은 믿지 않았다. 심각한 인지부조화 cognitive dissonance가 일어난 것이다. 이들은 자신들이 틀렸다는 사실을 받아들이지 않고 오히려 사실을 부인하고 자신들이 옳다는 허위에 매달렸다. 이들은 왜 이렇게 심각한 인지부조화를 겪을 수밖에 없었을까?

이들 욕망대상의 중심에는 학벌이 있다.◻ '타진요' 카페의 운영

◻ 비슷한 맥락에서, 김두식은 신정아 사건의 핵심으로 신정아씨에게는 학벌의 욕망이, 변양균 실장에게는 '계戒'(규범)의 세계에서 살아온 40대의 리비도 욕망이 자리잡고 있다고 말한다. 학벌의 욕망은 신정아씨 사건과 함께 학력위조 사냥에 이르렀고, 장미희, 최수종, 최화정, 오미희, 이창하, 윤석화 등을 쓰러뜨렸다.

자 왓비컴즈가 자신을 존스홉킨스대 3년차 레지던트라고 주장한 것은 학벌에 대한 그의 욕망이 얼마나 큰가를 보여준다.▫ 명문고, 명문대에 대한 참을 수 없는 욕망이 오랫동안 지배해온, 학벌이 곧 성공과 부를 성취하는 지름길이라고 믿는 우리 사회에서 욕망대상의 중심에 학벌이 있는 것은 이상한 일이 아니다.

타블로가 완전히 무고한 존재로 희생제의에 올라갔다면, '김여사'는 익명으로서 희생제의가 되었다. 처음 유머로 사용된 김여사는 시간이 흐르면서 운전을 못하는 아줌마를 광범위하게 지칭하는 것으로 바뀌었다. 운전면허 소지자의 경우, 남성은 여성보다 3.3배 많다는 점을 고려해도 교통사고 비율은 남성이 여성보다 5배 높다. 남성이 여성보다 교통사고를 자주 낸다고 볼 수 있다. 그러나 '운동장 김여사' 사건▫▫ 이후 황당한 사고를 내는 운전자는 모두 김여사로 불린다.

왜 '여사'인가? 여사라는 표현 자체는 존칭이지만, 시기의 감정을 포함하고 있다. 김여사의 욕망대상은 부유함이다.▫▫▫ 김여사라는

▫ 그는 57세의 재미한국인이므로 그가 주장하는 존스홉킨스대 3년차 레지던트는 사실이 아니다. 그는 환갑이 가까이 될 때까지 학벌이라는 욕망대상에서 벗어나지 못한 것이다. 그가 가졌던 학력의 열등감은 타블로를 욕망의 매개자로 선택하게 했다. '타진요' 일부 회원들도 그 선택에 동조해서 타블로를 희생양으로 삼았다.

▫▫ 2012년 인천의 한 고등학교 운동장에서 딸을 마중 나온 중년의 여성이 당황한 나머지 액셀러레이터(가속기) 페달을 밟아 가까이 있던 여학생이 크게 다쳤는데, 관련 동영상이 순식간에 확산되면서 사람들은 이 여성을 '운동장 김여사'라고 부르며 비난했다.

▫▫▫ 〈개그콘서트〉 '정여사' 코너는 김여사를 패러디하고 있다. 백화점 매장에서 일하는 20대나 30대 초반의 판매원은 "손님은 왕이다. 오늘도 열심히 일해야겠다"고 다짐하지만, 정여사와 그 딸의 황당한 요구로 "있는 사람이 더해"로 끝맺는다.

표현 안에는 남편 잘 만나서 하는 일 없이 고급차를 몰고 다닌다는 시기심과 부러움의 감정이 함께 녹아 있다. 아마도 욕망주체는 20대나 30대 남성들일 것이고, 욕망대상은 '일하지 않고 잘 먹고 잘사는 것에 대한 부러움'일 것이다. 김여사는 누군지 알 수 없으나 욕망의 매개자로 규정되는데, 우리 주변에 있다고 믿어지는 아줌마다. 욕망주체와 욕망매개자는 그만큼 정서적으로 가깝다. 둘 사이가 가깝다는 것은 그만큼 시기와 질투가 강하다는 것을 의미한다.

사이버 공간에서 벌어지는 수많은 희생제의는 규칙에 따라 진행된다. 어떤 사건의 당사자가 공공질서나 규범을 위반(지하철에서 노인에게 막말을 하는 등)하거나 특정 집단에 부정적 발언을 하면 그 사람은 곧바로 희생제의에 오른다. 인터넷에서 희생자와 관련된 신상명세가 사소한 것까지 폭로된다. 신상 털기가 진행되는 것이다. 누리꾼들은 사건의 당사자에게 사이버 처벌과 폭력을 행사한다. 다양한 종류의 패러디가 제작되고 유포되며, 희생제의(마녀사냥)는 정점으로 향한다. 더 많은 사람이 희생제의에 참여하게 되는 그때, 희생양에 대한 폭력이 지나치다는 비판이 일어나고 사이버 윤리 문제가 제기되면서 마무리된다. 이와 같은 과정은 거의 매번 사이버 공간에서 반복적으로 일어난다.

사이버 희생양 메커니즘에서 주목할 수 있는 것은 누구나 제사장이 될 수 있다는 것이다. 제사장은 희생양을 결정하는 사람이다. 예전의 제사장은 아무나 할 수 있는 지위가 아니라, 다수의 동의를 얻을 수 있는 도덕적으로나 윤리적으로 엄격한 사람이었다. 제사장은 큰 제의일수록 실패에 대한 두려움을 잘 알고 있었다. 신성한 규

나 자신은 도덕적 의무에의 어떠한 책임도 아니었던 지위한다. 즉 처음부터 책임 회피, 책임과 책임은

칙을 지켜야 했고 신이 노여워하지 않도록 신중해야 했다. 제사장은 희생물을 처형하기 전에 희생물을 숭배하고 극진히 대우했다. 희생물이 복수의 악의를 품는 것을 막기 위해서다.

사이버 공간에서는 아무나 제사장이 된다. 희생물은 일상 속에서 쉽게 선택된다. 사이버 공간에서는 희생물이 가질 수 있는 복수의 두려움도 없다. 제사장은 보이지 않은 상태에서 무자비하게 희생양을 고르고, 집단적이기에 자신은 책임을 느끼지 않는다. 제사장은 자신이 제사장인 것을 모르는 것이다.

희생자를 접하는 대중도 마찬가지다. 타블로의 사건을 보면서 대중은 연민을 느낀다. 그러나 대중이 느끼는 연민은 나 스스로는 그런 희생의 원인에 연루되지 않았다고 느끼는 것이다. 그러므로 나 자신은 도덕적 의무 면제와 책임 회피, 즉 처음부터 나의 책임은 아니었다고 자위한다. 욕망대상에 대한 부러움은 욕망의 과잉을 불러일으킨다. 누구나 제사장이 되고, 욕망대상의 진짜 갈등과 폭력을 속이기 위해서 희생양은 계속 재생산된다. 학벌, 부유함에 대한 시기심이라는 진짜 갈등을 속이기 위해서 타블로와 김여사를 선택하는 것처럼. 그리고 대중은 연민을 느끼면서 즐긴다.

인어공주 콤플렉스

최근 몇 년 사이 가장 주목할 만한 텔레비전 문화현상은 리얼리티 프로그램의 증가다. 장르 혼종이 두드러지는 리얼리티 프로그램은 세계적인 현상이다. 영국 ITV의 〈Britain's Got Talent〉, 미국 CBS의 〈Survivor〉와 〈Bachelor〉, FOX의 〈American Idol〉 등이 성공하면서 유사한 포맷의 프로그램이 세계적으로 확산되었다.

지난 3년간 우리나라에서 방영된 리얼리티 쇼가 무려 200편이 넘는다.[2] 리얼리티 프로그램의 종류는 다양해서 범주화하기 어렵지만 '경쟁survival'과 '경연performance'이 기본 포맷이다. 여기에 자기고백적인 스토리텔링이 들어가고, 자기반영성(카메라맨이 출연자와 함께 촬영하면서 달리거나 출연자가 PD와 대화하는 것 등)의 장치가 개입한다.

오디션 프로그램은 리얼리티 프로그램의 하위 장르다. 오디션 프로그램의 열기는 〈슈퍼스타 K〉 시리즈에서 극명하게 나타난다. 2009년에 시작한 〈슈퍼스타 K〉는 〈대학가요제〉나 〈전국노래자랑〉과는 근본적으로 다르다. 〈슈퍼스타 K〉가 하위자를 탈락시키는 구조라면, 〈대학가요제〉 등은 상위자를 시상하는 시스템이다. 우리 시대의 생존 담론이 프로그램에 반영된 것이다. 〈슈퍼스타 K〉는 단순히 하나의 프로그램이 아니라 스펙터클한 문화현상이다.

〈슈퍼스타 K2〉라는 장엄한 스펙터클은 민주주의와
자본주의가 위태롭게 봉합된 우리 사회의 조건을 보여주면서,
동시에 그 조건이 가진 모순에 대면하는 대신 시스템이 제공하는
희망의 판타지를 보면서 살아가는 사회이며,
나아가 그 사회를 익숙하게 유지시켜주는 비현실 그 자체다.[3]

스펙터클은 화려한 이미지의 표상만을 보여주는 것이 아니라 사회심리적 관계를 반영한다. 〈슈퍼스타 K〉가 공정하게 우승자를 결정하고, 역경 속의 성공을 말하며, 능력과 정의를 표현한다고 해도, 그것은 '순수한 비순수성authentic inauthenticity'[4]의 세계다. 현실과 표상 사이, 순수하고 그럴듯하지만 순수하지 않은 세계가 우리 앞에 하나의

현실로서 찬미된다.

〈슈퍼스타 K2〉 우승자는 허각이었다. 허각은 중학교를 졸업한 환풍기 수리공이었으며, 쇼핑몰 행사장 아르바이트를 하면서도 열심히 노래 연습을 했다. 그는 키도 작고 외모도 별 볼 일이 없다. 허각이 경쟁에서 우승한 것은 현실이다. 미디어는 외모보다 실력, 공정성, 꿈에 대한 열정을 찬양한다. 그러나 그것은 현실이 아니라 표상(이미지)일 뿐이다. 허각의 우승은 드라마보다 더 극적인 판타지, 일종의 '리얼리티 판타지'다._5

2009년 〈슈퍼스타 K1〉 참가자 수는 72만 명이었다. 이 숫자만으로 놀랍지만, 이후 참가자 수는 놀라움을 넘어선다. 2010년 134만 명, 2011년 196만 명, 2012년 208만 명. 우리나라 인구를 5000만 명 정도로 보았을 때, 25명 중 1명은 〈슈퍼스타 K4〉에 참여한 것이다. 대부분 단순한 재미로 참가했을 것이며, 한 사람이 여러 번 신청했을 것이라는 점을 고려해도 믿기지 않는 수치다.

〈슈퍼스타 K4〉의 참가자가 200만 명을 넘었다는 사실은 우리 사회에서 일상적 자아와 이상적 자아 ideal ego 사이에 낮은 수준의 분열이 있음을 보여준다. 이것은 프로이트가 말하는 '2차적 나르시시즘'으로 이상적 자아에 대한 사랑과 좌절을 의미한다. 내가 사랑을 외부로 발산하면 발산할수록 자기애는 감소되며, 역으로 내가 외부 세계로 사랑을 발산하지 못하면 못할수록 자기애는 증가한다. 외부 세계로 사랑을 발산하지 못한다는 것은 일상적 자아(실제 '나')와 이상적 자아(스타 꿈꾸기) 사이의 거리와 좌절 때문이다.

현실과 욕망 사이의 거리는 좁혀지지 않으므로 이상적 자아를 회복하려는 욕망이 무의식 속에서 커져갈 수밖에 없다. 일상적인 꿈이 경제적·문화적 억압에 의해 상실될수록 이상적 자아에 대한 관심이 높아지기 때문이다. 이것이 '타자에 대한 자기동일시' 과정이다. 그러나 아무리 생각해도 우리 사회에서 '이상적 자아(스타)에 대한 자기동일시' 욕망은 과도함을 넘어서 있다.

정신분석가인 컨버그□는 임상치료 결과를 바탕으로 나르시시즘을 겪는 사람들은 심각한 주관적 공허함에 빠진다고 말한다.-6 나르시시즘은 자존감을 조절하지 못하는 상태로 '외부 거울에 대한 의존(타자에 대한 자기동일시)'이 높아질 수밖에 없다. 〈슈퍼스타 K〉에서 보이는 참여 현상은 개인들의 문제가 아니라 사회적 자존감이 무너졌다는 것을 함축한다. 마치 과식 환자의 내면에 무기력증이 있는 것처럼, 우리 문화의 내면에는 '외부 거울에 의존'해야 스스로 자존감을 지킬 수밖에 없는 공허함이 잠재해 있다.

우리 사회는 나르시시즘의 과잉 상태에 빠져 있음에도 불구하고 개인들은 무한경쟁의 구도를 거부하지 않고 그대로 받아들인다. 이 둘 사이는 모순적인 것이 아니다. "자아에 대한 나르시시즘적 집착은 경쟁적 개인주의 문화"로부터 형성되기 때문이다.-7 대중은 신데렐라를 꿈꾸지만, 진정한 신데렐라는 허각이나 울랄라 세션이 아니라 〈슈퍼스타 K〉 자체였다. 거의 모든 참여자는 사랑받고 싶은 욕

□

Otto Friedmann Kernberg. 오스트리아 출신의 정신분석학자이자 성격이론가. 사랑 속에 증오가, 성욕 속에 공격성이 어떻게 녹아드는가라는 연구를 비롯해 자기를 사랑해주는 사람을 공격하고 파괴함으로써 자신의 위대함을 확인하는 자들에 대한 연구를 수행해 명성을 얻었다.

망으로 자신의 목소리조차 마녀에게 넘기고 결국은 거품이 되는 인어공주다. 그러나 모두들 자신이 인어공주라는 사실조차 알지 못하고 신데렐라가 될 수 있다고 꿈꾼다._8

한 가수가 어느 대학교를 졸업했는가를 놓고 20만 명이나 되는 사람이 카페 회원으로 가입하고, 케이블 방송의 한 오디션 프로그램에 200만 명이 넘는 사람이 참여하는 이 현상을 어떻게 이해할 수 있을까?

여기에는 타인의 욕망에 대한 모방에서 생겨나는 나르시시즘이 있다. 퇴행이 개인과 역사가 분리되어 과거의 자아로 회귀하는 현상이라면, 나르시시즘은 현실과 이상이 분리되어 이상적 자아에 대한 집착으로 표출된다. 나르시시즘의 과잉은 희생제의를 통한 희생양을 만든다. 이것은 일종의 '전치displacement'다. 자신의 충족되지 못한 욕망을 전혀 다른 대상으로 옮겨 충족시키기 때문이다.

다른 한편으로 이상적 타자에 대한 사랑의 과잉도 나타난다. 우리 시대의 나르시시즘은 현실과 욕망 사이의 간극이 벌어지면서 더 과잉 상태로 나타난다. 동시에 대중은 희생제의에 의식적·무의식적으로 참여하며, 때로는 스펙터클이 만든 거대한 판타지 속에서 평등과 경쟁 원리에 순응하면서 모순을 스스로 봉합한다.

3장

속물성에 대한 분노

추醜의 세계 ＼ 정의의 기억

추醜의 세계

시인 김수영은 "풍자가 아니면 해탈"이라고 썼다. 그러나 김수영은 4·19혁명과 5·16군사쿠데타를 경험하면서 현실을 풍자하거나 "古宮을 나오면서 五十원짜리 갈비탕에 기름덩어리만 나왔다며 분개"했다. 소시민으로서 그가 선택한 것은 풍자와 분개였다. 지금 대중의 마음은 김수영의 마음과 다르지 않아 보인다.

〈나는 꼼수다〉가 방송되었던 1년 8개월(2011년 4월 28일~2012년

12월 18일) 동안 한국 정치, 문화, 세대에 미친 영향은 매우 컸다. 〈나는 꼼수다〉에서 김어준, 정봉주, 김용민은 BBK 사건과 서태지·이지아의 이혼소송을 연결해서 음모론을 제기했다. 서태지·이지아의 법정소송은 BBK 사건을 은폐하기 위해서 '법무법인 바른'에서 퍼뜨렸다는 것이다. 팟캐스트podcast 형식의 〈나는 꼼수다〉는 '가카 헌정방송'이라는 풍자를 바탕으로 정권의 급소를 찔렀다.

〈나는 꼼수다〉는 지금 시대를 추醜의 세계로 바라본다. 로젠크란츠◻︎는 추의 특징으로 형태 없음과 부정확성을 들고 있다._1 형태가 없다는 것은 조화가 사라지고 불균형이 지배하는 것이다. 부정확성은 변형된 것(극악한 것, 불쾌한 것, 비도덕적인 것 등)이 압도하는 것이다. 〈나는 꼼수다〉가 보는 추의 세계는 '꼼수'로 가득 찬 세상이다. 꼼수는 형태도 없이 뒤틀려 있는 비도덕적인 것으로 속물성snobbism을 의미한다.

2008년 대통령 선거에서 대중은 도덕성에 문제가 있다는 것을 알면서도 기업인 출신 대통령을 선택했다. 어떤 것도 경제만은 살려야 한다는 담론을 뛰어넘지 못했다. 김홍중은 이명박 시대를 속물지배snobocracy 사회로 규정한다.◻︎◻︎ 속물지배 사회는 세속적인 목적을 달

◻︎ Johann Karl Friedrich Rosenkranz. 19세기 독일 철학자. 헤겔철학의 계승자로서 낭만주의적인 문학적 성향과 헤겔철학의 관념주의적 세계관을 바탕으로 철학, 심리학, 신학, 교육학, 문예사, 정치사회이론까지 넘나들며 폭넓은 사상을 만들고 펼쳐나갔다.

◻︎◻︎ "이명박 정권은 이명박이라는 스놉snob의 형상과 그의 도덕적 분신들이라 할 수 있는 관료와 내각으로 구성된 스노보크라시의 시대를 열었다."(김홍중 2009:101~102쪽)

성하기 위해서 빤히 보이는 욕망으로 가득 차 있다. 위선, 허영, 과시가 지배하기 때문이다.

신자유주의 정권이 추구했던 정치는 과정을 추구하는 것이 아니라 가시적인 욕망의 결과만을 얻고자 하는 데 있었다. 과시적 욕망을 드러내는 4대강 개발, 뉴타운, G20정상회의, 그리고 한진중공업 사태와 쌍용차 사태 등과 관련된 노동문제 정책들에서 보이는 것은 결과만을 좇는 신자유주의의 경박성이다.

이명박 정부가 들어서면서 '~면 어때. 경제만 살리면 그만이지'라는 풍자가 유행했다. 이것은 환경, 복지, 소통을 무시하고 경제적 결과만을 추구하는 속물성에 대한 풍자였다. 속물지배의 시대에 가장 효과적인 미학은 풍자다. 〈나는 꼼수다〉는 극강의 속물성에 대한 풍자의 전략을 활용한다. 가가의 속물성을 가장 잘 보여주는 것은 바로 BBK다. 따라서 〈나는 꼼수다〉가 'BBK 실소유주 헌정방송'임을 내세운다.

"소리와 뒷담화의 문화정치학"을 우리는 '나꼼수 현상'에서 목격한다. 대중의 신뢰성을 상당히 잃은 제도권 매체에는 일종의 '금기사항'이라고 볼 수 있는 일련의 민감하고 다루기 어려운 주제들을 거침없이 논하는 〈나꼼수〉의 독특한 정치적인 그리고 화자로서의 역할은 미시적이지만 영향력과 파급력이 적지 않은 일종의 '난장 wild publics'의 역할과 마당극 혹은 저잣거리의 언어가 대중적인 공감을 대안적인 방식으로 촉발/매개하는 역능을 새롭게 제시해주기도 한다._[2]

〈나는 꼼수다〉는 풍자와 폭로의 이중주다. '전지적 가가 시점'은

'가카'를 꼼수의 전경에 놓고, 우리 사회의 정치 이면을 풀어내는 것이다. 검찰, 국가정보원, 경찰 같은 국가조직은 배경으로 설정된다. 이들 사이에 정치, 경제, 종교, 언론 권력들이 자리잡고 있다. 폭로는 권력자들의 자명한 죄보다는 '악한 의도성'_3에 집중된다. 악한 의도성은 속물적 목적을 취하기 위해서 권력을 이용하거나 자신의 본질을 감추는 것이다. 따라서 〈나는 꼼수다〉의 폭로는 의도성을 입증하는 데 집중한다.

〈나는 꼼수다〉의 추임새는 '씨바, 쫄지 마'와 '깔대기 들이대기'다. '씨바, 쫄지 마'는 권력자가 갖는 악한 의도성에 비해서 '우리'는 도덕적 우위를 점하고 있기 때문에 겁먹을 필요가 없다는 것이며, 깔대기를 들이대는 것은 너만 잘난 것이 아니라 나도 잘났다는 웃음을 통한 뒤집기다.

이들이 제기하는 BBK 문제, 내곡동 사저, 선관위 디도스 공격, 1억 피부과, 왕재산 간첩단, 터널 디도스 등은 어디까지가 사실이고 사실이 아닌지 명확하지 않다. 그러나 대중은 그들의 수다가 사실이나 진실에 가까울 것이라고 믿는다.▫ 대중은 특정 사건에 대한 정황적 판단이나 개연성을 가지고 무엇이 사실인지 추론과정을 통해서 진실로 믿는다. 그 진실은 개인적 진실이거나 상황적 진실이지만, 개연성이 높기 때문에 설득력을 발휘한다. 〈나는 꼼수다〉의 폭로는 위

▫ 『동아일보』(2011년 12월 1일2자)의 민심 분석 결과에 따르면, 〈나는 꼼수다〉는 "사실이 다소 과장되기는 했지만 정치 풍자로 흥미롭다"에 대한 응답이 69.4퍼센트, "무책임한 음모론을 확산시키고 있어 문제가 있다"(19.8퍼센트), "모름/무응답"(10.8퍼센트)였다. 〈나는 꼼수다〉가 어느 정도 신뢰를 받고 있는 것으로 해석할 수 있다.

장되었다고 믿는 사실 관계에 대한 추론적 폭로인 셈이다.

어찌 보면 〈나는 꼼수다〉가 만들어내는 수다들이 바람직한 것만은 아니다. 풍자와 폭로는 정상적인 말의 질서를 보여주는 것이 아니기 때문이다. 바로 이 점 때문에 〈나는 꼼수다〉에 대한 대중의 환호가 찜찜하기도 하다. 정봉주의 구속, 비키니 논란, 김용민의 총선 출마 등으로 〈나는 꼼수다〉의 힘은 빠져버렸다. 특히 2012년 총선 전후 〈나는 꼼수다〉는 메시아 콤플렉스에 빠진 듯했다. 이들은 2011년 10월 서울시장 선거과정에서 영향력을 행사하면서 마치 자신들이 우리 사회를 구원할 주연처럼 말하고 행동했기 때문이다.

〈나는 꼼수다〉만이 권력의 속물성을 폭로하는 것은 아니다. 세 방송사가 역사상 유례없는 파업을 하면서 새로운 방송뉴스들이 유튜브에 올라갔다. MBC 노조의 〈제대로 뉴스데스크〉, KBS 노조의 〈리셋 KBS 9시 뉴스〉, YTN 노종면 해직기자의 〈뉴스타파〉는 기존 방송뉴스가 추의 세계를 제대로 들추어내지 못하고 있다는 문제의식을 갖고 있다. 이 뉴스들은 MB비리 가계도, 영일목장과 남이천IC, 정치검찰 해부, 김재철 사장 법인카드 의혹, 4대강, 민간인 불법사찰, 삼성 문제, MB의 임기 말 무기 도입과 미국 압력 의혹, 강정마을 등을 보도했다. 이것들은 기존 방송에서 대부분 보도하지 않았거나 사실 관계만 간략하게 보도한 것들이다. 그러나 이들은 기대만큼 대중의 주목을 받지 못했다.

〈나는 꼼수다〉나 미디어들이 폭로하는 속물성은 권력의 비윤리성과 비도덕성이다. BBK 사건, 내곡동 사저, 김재철 법인카드 의혹, 영일목장과 남이천 IC 등이 비윤리적인 행위(사적 행위로서)와 관련되어 있다면, 4대강, 선관위 디도스, 민간인 사찰 등은 비도덕적인 행위(공적 행위로서)다. 그러나 분명한 사실은 대중은 속물적 지배를 선택했지만, 지금은 권력의 속물성에 분노하고 있다는 것이다.

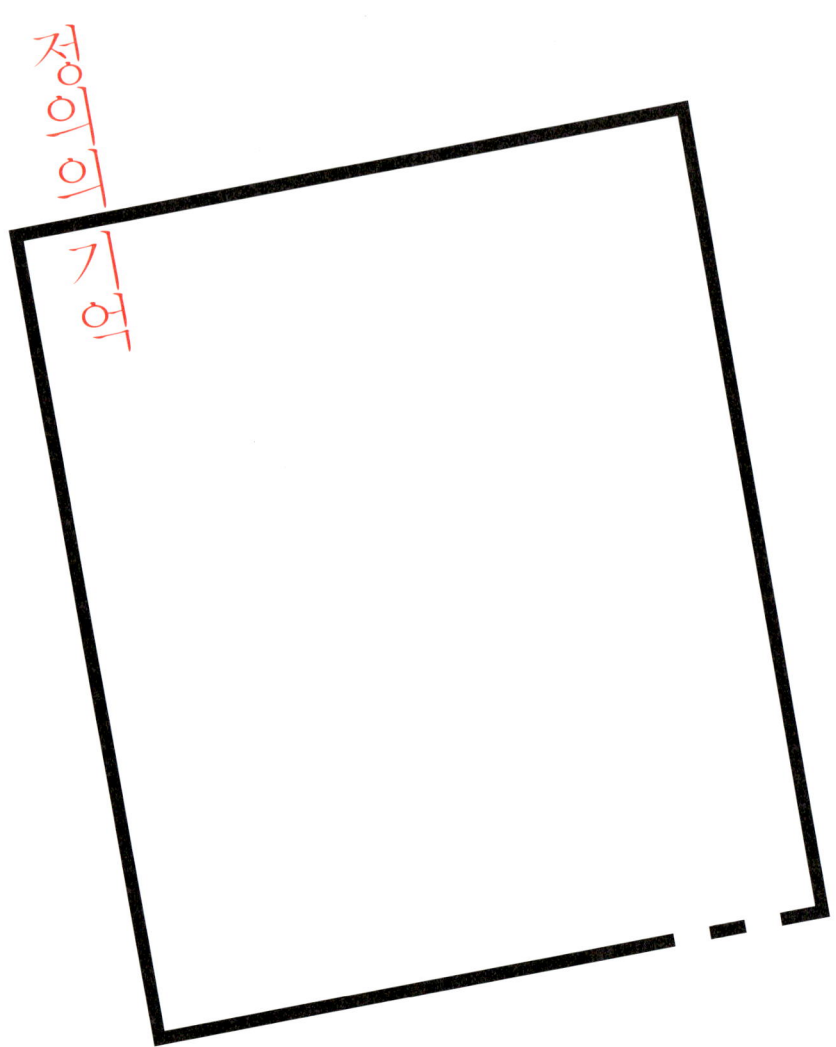

정의의 기억

세상이 추의 세계라면, 정의는 없다. 있다면 그것은 대중의 정의감에서 비롯된 분개심일 것이다. "정의는 이성적 원칙에서 나오지만, 정의감은 단순히 이성의 원리가 아니라 감성적 측면을 갖는다. 정의의 원

동력은 감정으로 이어짐으로써 동력이 된다. 그 근원은 공감, 동정심, 노여움 등이다."[4] 대중이 현실 정치 속에서 경험하는 정서는 분노다. 우리 사회의 분노는 개인의 심리적 반응이 아니라 마음들이 모여 형성하는 집단적 반응이다. 분노는 자격 없는 사람이 무엇인가를 얻는다고 생각될 때 느끼는 특별한 종류의 화다. 말하자면, 부당함에 대한 화라고 볼 수 있다. 탐욕이 도를 넘었다는 분노가 정의감으로 표출되기도 하고, 탐욕의 실체를 드러내는 폭로가 대중의 관심을 끌기도 한다.

마이클 샌델의 『정의란 무엇인가』는 철학적 주제를 다룸에도 대중의 관심은 뜨거웠다. 정의로운 사회는 행복을 극대화하고, 자유를 존중하며, 미덕을 추구하는 사회일 것이다. 그러나 행복 극대화, 자유, 미덕의 가치는 충돌할 수밖에 없다. 개인의 권리와 자유를 주장하는 자유방임주의와 시장은 불공정하고 자유롭지 않다는 평등주의가 갈등하기 때문이다. 샌델의 선택은 "도덕적이고 영적인 문제를 진지하게 다루는 정치를 구상하고, 더불어 그런 문제를 성이나 낙태만이 아니라 경제와 시민의 관심사라는 폭넓은 영역으로 끌어내는 정치",[5] 즉 미덕의 정치 혹은 공동선의 정치다. 대중이 『정의란 무엇인가』를 읽는 것은 정의를 알고 싶었기 때문이라기보다 정의감을 표출하고 싶은 근거를 찾기 위함이었는지도 모른다.

신자유주의 경제정책에서 보였던 시장의 자유와 복지라는 행복의 확대는 지난 몇 해 동안 우리 사회에서 끊임없이 충돌했던 영역이지만, 공동선이라는 미덕은 정권이 보여주었던 탐욕과 맞물리면서 대중의 분노를 자아냈다. 더욱이 이명박 정권이 2010년 '공정사회'라는 화두를 제시했을 때, 대중은 혼란스러웠다. 마치 1980년대 가장 정의롭지 못한 전두환 정권이 정당명을 민주정의당으로 붙인 것 같은 느낌이랄까?

정의에 대한 분노들은 공분公憤을 초래하기도 했다. 자본이 고용한 용역업체들의 무자비한 폭력들, 용역업체와 공권력(경찰)의 조화로운 만남이 만들어내는 불의不義의 개그콘서트, 그리고 재벌가 출신 최철원이 고용승계를 하지 않은 것에 대하여 정당하게 항의하는 한 노동자에게 가한 2000만 원어치의 극악한 폭력을 접했을 때, 약자들은 분개하지 않을 수 없었다.

이들의 세대적 분노는 사회적 맥락으로부터 싹이 텄고, 정권에 대한 배반감으로부터 확장되었다. 이들은 노무현 정권에 대해서는 크게 분노하지 않는 듯하다. 노무현 정권은 반칙과 특권 없는 사회, 상식이 통하는 사회를 추구했다. 비록 노무현 정권은 그것을 달성하지 못했지만, 진정성은 갖고 있었으리라 믿었다. 그러나 실천하는 경제대통령의 약속은 대부분 공약空約이 되었다. 이명박 정권은 산업화 시대에 맞는 약속을 했지만, 지금은 성장 동력이 무한하게 보였던 산업화 시대가 아니다. 이들의 사회적 분노는 정치적 진보 성향으로 표출되고 있다. 그러나 문제는 이들의 분노를 가라앉힐 만한 방법이 부재하다는 것이다.

대중문화는 두 방향으로 정의의 기억을 소환한다. 하나는 현재 진행중인 불의(폭력)의 기억을 되살리면서 정의와 진정성을 묻는 것이다. 용산참사를 다룬 〈두개의 문〉, 논란이 되었지만 쌍용차 노조원의 아픔을 다룬 공지영의 『의자놀이』 그리고 영화 〈도가니〉〈부러진 화

대중은 불편한 폭력의
기억을 통해서
정의를
반성적으로
돌아보기보다

현재의 불의를
잊고 싶어하는
경향이
있는 것 같다.

살〉 등이 대표적이다. 이것들은 억압되고 있는 기억의 서사적 재구성이다. 이것들이 종결되지 않은 이유는 여전히 우리 사회에서 해결되지 않은 채 깊은 상처로 남아 있기 때문이다. 지금 우리 사회에서 도덕적 분노의 극단적 표현은 쌍용차 노조원들의 자살에 대한 반응에서 확인할 수 있다. 이들의 분노는 스스로 통제할 수 있는 범위를 넘어섰다. 그러므로 현재 진행중인 '사회적 타살'로 볼 수 있다. 1980년대 분노는 분신이라는 극단적 행위로 표출되었다. 이때는 도덕적 힘의 결집을 위한 자기파괴적 희생이었다. 그러나 쌍용차 노조원의 자살은 힘의 결집을 위한 것이 아니라 스스로 아무것도 할 수 없다는 무기력함을 보여주고 있을 뿐이다. 이들이야 말로 우리 사회에서 위로받아야 할 사람들이지만, 현실은 위로나 치유가 아니라 배제와 망각이다.

또 다른 하나는 모호하게 종결된 폭력의 역사를 다시 기억으로 환기시키면서 정의의 문제를 제기하는 것이다. 이것은 과거의 현재화를 추구하는 것이다. 폭력의 기억을 되살리는 것은 현재지향적인 목적이 있기 때문이다. 영화 〈남영동 1985〉〈26년〉〈유신의 추억〉〈범죄와의 전쟁: 나쁜 놈들 전성시대〉 등이 여기에 속한다. 기억의 속성은 '현재지향성'과 '당파성'-[6]으로 특징지어진다. 이 영화들은 망각된 기억의 재구성이다. 역사에서는 어느 정도 종결되었는지 모르지만, 이 영화들은 현실에서는 그렇지 않다는 것을 보여주고 있다.

그러나 망각된 기억의 되살림이 과연 대중에게 얼마나 환기력을 갖는가에 대해서는 의문이다. 기대만큼 기억의 정치적 당파성이 효과를 발휘하고 있는 것 같지 않기 때문이다. 기성세대에게 독재 시대의 일상적 경험은 더 이상 일상의 삶 속에서 체험될 수 없는 것들이다. 지금 현실로부터 멀리 떨어져 있으며 선택적 망각을 통해서 지워지고 있기 때문이다. 대중은 불편한 폭력의 기억을 통해서 정의를 반성적으로 돌아보기보다 현재의 불의를 잊고 싶어하는 경향이 있는 것 같다. 반면 자아-퇴행에서 보았듯이, 대중은 정치가 탈각된 낭만적 기억에 의존하고 싶어한다. 개인적 낭만의 기억은 과거의 대중문화 속에서 추억으로 소비될 뿐이다.

굳이 길게 말하지 않아도 우리 사회의 정치는 뒷담화의 소재거리로 전락한 지 오래다. 정치의 속물성에 대한 배신감 때문이다. 대중은 속물이라는 사실을 알면서도 기업가 출신을 대통령으로 선택했다. 대중은 생존경쟁의 시대 속에서 자신 스스로 속물이 되어도 생존이 어렵다는 차가운 현실 속에 놓여 있다. 이것은 분노를 자아내게 한다.

대중의 분노와 퇴행 사이에는 거리가 존재하고 있는 것처럼 보인다. 퇴행적 위로에서 보았듯이, 대중은 한편으로 기억의 퇴행을 경험하고 있다. 그곳에는 우리 사회의 현실과 긴장감을 유지하기보다는 행복했던 시절을 그리워할 뿐이다. 다른 한편으로 대중은 망각된 폭력의 역사를 되살리고자 한다. 둘 사이에는 단절이 있으며, 전자가 후자보다 우위를 점하고 있다.

한국 사회를 뒤덮은 허기 문화에 깔려 있는 구조는 배제와 과잉이다. 이것은 허기를 유발하는 짝패다. 왜냐하면 사회 내에서 배제가 이루어지는 것은 과잉 때문이고, 동시에 과잉은 배제를 촉발시키기 때문이다. 몸의 과잉(비만)이 몸의 배제(다이어트)를 이끌고, 마음의 과

한국 사회

배제 과잉
허기

몸

비만
다이어트 마음

신경증
심리치료

잉(신경증)이 마음의 배제(심리치료)를 초래하는 것과 유사하다.

사회적으로 보면 동일성의 과잉, 즉 특정 집단 내 동일성의 과잉은 배제라는 폭력의 형태나 다른 문화적 징후로 표출된다.

영화 〈부러진 화살〉이 꽤 반향을 일으켰다. 감독은 영화내용 대부분이 사실이라고 말했고, 사법부는 대부분 영화적 상상력일 뿐이라고 주장한다. 이례적으로 대법원은 〈부러진 화살〉이 전체적으로 사실을 호도하고 있다는 성명까지 발표했다.

영화를 넘어 사회적 맥락에서 보면, 〈부러진 화살〉은 우리 사회 '사실의 위기'를 그대로 보여준다. 사실이 무엇인가 하는 질문은 수천 년 동안 철학자들이 탐구한 문제지만. 지금 우리 사회 대중은 사실관계에 굶주려 있다. 그러나 돌아보면 이런 사실에 대한 굶주림은 놀랄 만한 일도 아니다.

사실의 위기 시대에 대중이 할 수 있는 것은 의심하는 것이다. 대중은 특정 사건에 대한 정황적 판단이나 개연성을 가지고 무엇이 사실인지 추론한다. 그리고 추론과정을 통해서 진실로 믿는다. 그 진실은 개인적 진실이거나 상황적 진실이지만. 개연성이 높기 때문에 설득력을 발휘한다. 사실이 있는 그대로 보이는 것이 아니라 은폐되고 무엇인가로 대체된다면 그것은 허위의식으로서의 이데올로기다. 지금은 이데올로기가 사실보다 우위를 점하고 있다. 어샌지가 위키리크스를 통한 폭로에서 말하고자 했던 것은 정보의 투명성이었다. 정보는 특정 권력에 의해서 독점되어서는 안 되며, 공유되어야 한다는 것이다. 소셜 네트워크 시대에 대중은 단순한 정보의 소비자가 아니라 정보를 취재하고 검증할 뿐만 아니라 유통에도 참여한다. 대중은 정보의 투명성을 몸으로 깨닫고 있는 것이다. 그러나 우리의 현실은 반대로 나아가고 있다. 지난 몇 해 동안 우리 사회에서 소통의 위기가 끊임없이 제기되어왔다. 소통의 위기는 근본적으로 사실의 위기에서 비롯되었다는 점을 인식해야 한다. 사실관계조차 불분명한 상황에서 소통이 제대로 이루어질 수 없기 때문이다.

영화 〈부러진 화살〉에서 찾고 있는 그 부러진 화살은 어디에 있는 것인가. 우리 사회에서 부러진 사실들은 또 어디에 은폐되어 있는 것인가.

『한국일보』 2012년 2월 11일, 필자의 칼럼 일부

4장

허기의 상황들

배제 \ 과잉

**배
제**

호모 사케르란 사람들이 범죄자로 판정한 자를 말한다. 그를 희생물로 바치는 것이 허용되지 않지만 그를 죽이더라도 살인죄로 처벌받지는 않는다. 사실 최초의 호민관법은 "만약 누군가 평민 의결을 통해 신성한 자로 공표된 사람을 죽여도 이는 살인이 되지 않는다"는 점을 명기하고 있다. 이로부터 나쁘거나 불량한 자를 신성한 자라 부르는 풍습이 유래한다.―[1]

조르조 아감벤은 호모 사케르라는 주권 권력에 의해서 배제된 집단을 논의한다. 아감벤은 호모 사케르를 종교나 인류학적 의미에서 신성함의 양가성(순수함과 불길함을 함께 포함하는 있는 것)에 있는 것이 아니라, 정치적 의미로 주권 권력이 행사하는 배제와 폭력의 성격으로 이해한다. 살해될 수 있으나 희생물로 바칠 수 없는 생명이란 주권 권력의 추방령 속에서만 살아 있는 삶이므로 '벌거벗은 생명'이 된다. 따라서 벌거벗은 생명의 창출은 곧 주권의 근원적인 활동이 된다. 나치의 포로수용소에 수감되어 있는 유태인들 역시 호모 사케르다.

아감벤이 말하는 주권 권력의 배제와 포섭의 논리는 푸코의 '규범적 응시normalizing gaze'와 감시inspecting gaze의 과정, 그 연속성 속에 놓여 있다._[2] 광기는 르네상스 시기에는 병이 아니라 어리석은 행동 정도로 규정되어 사회적으로 격리되지 않았다. 오히려 마을의 구성요소로 통합되어 있었다. 그러나 18세기 이후 서구가 근대성을 경험하면서 광기는 치료받아야 할 병이나 사회를 병적으로 오염시키는 요소로 정의되었다. 광기가 범죄나 사악한 병으로 취급됨으로써 격리되어야 할 것으로 규정된 이유는 근대 사회의 학교, 병원, 법의 정의 밖에 놓였기 때문이다. 이와 같은 근대적 제도들을 유지하는 데 방해가 되는 여러 요소는 일탈이나 비정상성으로 규정되고 배제되었다.

우리 사회에서도 정도의 차이는 있겠지만 호모 사케르는 존재한다. 용산참사, 쌍용차 노조원과 가족의 죽음, 4대강 인부들의 죽음은 권력에 의해서 추방된 죽음이고 배제된 죽음이었다. 이들의 죽음은 '아무도 기억되지 않는 자의 죽음'이다.

용산참사는 철거세입자들이 건물을 점거하고 농성을 시작한 지 불과 25시간 만에 발생했다. 대테러 진압작전을 수행하는 경찰특공대 1600명이 투입된 것이다. 정용택이 주장하듯, 용산참사의 본질은 '뉴타운 건설'에 있었다. 용산4구역은 '도시재정비 촉진을 위한 특별법'이 적용받는 곳으로 권력은 불순 용공 세력 전국철거민연합이 주도한 불법적인 도심 테러로 프레임을 만들었고, 대중은 뉴타운 개발이 멈출 수 있다는 우려로 용산을 애도하는 데 주저했다.[3] 권력은 용산참사를 배제했고, 대중은 회피했다.

한편 2009년 쌍용차 노동자 해고정리 이후 2012년 12월까지 23명이나 되는 쌍용차 노조원과 가족들이 스스로 목숨을 끊거나 잃었다. 14명은 자살했고 9명은 스트레스성 질환으로 숨졌다. 개개인의 특성에 의한 것으로 보기에는 너무나 많은 이가 죽었다는 점에서 정리해고라는 구조적 문제는 동떨어질 수 없다. 이들의 죽음은 문제가 해결되기 전까지 계속될 가능성이 높다. 4대강 공사사업으로 21명의 인부들이 목숨을 잃었다. 2011년 4월 한 달 동안 7명이나 사고사를 당했지만 감추어졌다.

용산참사, 쌍용차 사태, 4대강 인부들은 벌거벗은 생명으로 우리 시대의 호모 사케르다. 이들은 규율사회의 제도들을 유지하는 데 방해되는 생명이므로 배제되었다. 정치와 생존, 산업과 노동, 개발과 발전의 논리 속에서 이들이 안식할 장소는 없다. 이들의 죽음은 사회적 죽음이기도 하고 "정치 자체의 죽음"이기도 하다.[4] 권력은 죽음을 순응시키고 갈등을 잠재우고자 했다는 점에서 이들의 죽음은 배제와 포획된 죽음이다. 이를 '저주받은 자들의 신성한 죽음'이라 할 수 있지만, 지금의 신성함은 종교가 아니라 자본과 주권 권력이다.

우리 사회 내 배제의 논리는 20대 청춘에도 적용된다. 한국 사회의 20대들은 경제적으로 이데올로기적으로도 배제되어 있다. 우석훈·박권일은 고용불안에 시달리는 한국의 20대를 '88만 원 세대'라는 자조적 용어로 정의하면서 경제 문제를 제기한다.[5] 이들은 "지금의 20대는 상위 5퍼센트 정도만이 '단단한 직장'을 가질 수 있고, 나머지는 비정규직의 삶을 살게 될 것이다. 비정규직 평균 임금 119만 원에 20대 급여의 평균비율 74퍼센트를 곱하면 88만 원 정도가 나온다. 평생 88만 원에서 119만 원 사이의 급여를 받게 될 것이다. 그런데 이 88만 원 세대는 우리나라 여러 세대 중 처음으로 승자독식 게임을 받아들인 세대"라고 주장한다. 우석훈·박권일은 노동시장에서 배제되고 있는 20대를 비극적으로 진술한다.

나는 20대가 승자독식 게임을 받아들인 세대라고 생각하지 않는다. 20대는 승자독식 게임을 수용한 것이 아니라 승자독식 게임에서 배제되고 있기 때문이다. 노무현 정부에서부터 이명박 정부에 이르기까지 승자독식의 룰은 강화되어왔다. 20대는 이미 승자독식의 링 안에 들어와 있다. 그것은 그들이 선택했거나 받아들인 것이 아니었다. 승자독식의 룰은 강제된 선택이었다.

'신자유주의 좌파'와 '신자유주의 우파' 정부 모두 20대의 배제를 원하지는 않았을 것이다. 그러나 신자유주의 좌파라 불린 노무현 정부의 선택과 집중 정책은 승자독식 게임의 연장이었다. 승자독식 게임에는 보완장치가 없다. 비록 노무현 정부는 국토균형발전이나 복지정책으로 보완하려고 했지만 성공하지 못했다. 이 실패한 보완정책은 20대의 노동시장과는 관계가 없었다. 이명박 정부는 어떤 보완장치를 마련하고자 하는 의도조차 없었다. 성장에 대한 집착밖에 없었기 때문이다. 대기업이 성장하면 일자리도 늘어날 것이라는 순진한 생각은 산업사회에서나 맞는 전제일 뿐이다. 신자유주의 좌파와 신자유주의 우파 정책에서 사실상 근본적 차이는 없었다. 차이가 있었다면, 최소한의 보완장치를 마련하려는 의지라도 있었는가 혹은 없었는가 뿐이었다.

엄기호는 인류학적 관점에서 우리 사회에서 '포획'된 20대의 시선으로 청춘에 접근했다.[6] 엄기호는 우리 시대 20대의 성장에 대한 도덕적 비난(좌파는 20대가 정치적이지 않으며, 우파는 이들이 힘든 일을 하기 싫어하면서 높은 보수만 바란다는 비판)을 재비판하면서 20대의 언어로 그들의 삶을 공유하고자 한다. 20대에 대한 도덕적 비난 역시 이데올로기적 배제다.

한국 사회에서 허기의 상황을 만들어내는 배제의 논리는 전방위적으로 진행되고 있다. 허기의 상황을 이끈 가장 중요한 요인은 시장 중심으로 지칭되는 신자유주의의 확대다. 이것은 우리 사회에서 양극화, 비정규직, 청년실업 등을 초래하고 있다. 이와 같은 문제들은 한국 사회에만 국한된 상황은 아니지만, 한국 사회는 압축성장을 경험했고, 그뒤 경제적 격차가 빠르게 벌어짐으로써 대중의 심리적 억압은 더욱 클 수밖에 없다.

통계청 발표에 의하면, 소득5분위배율□은 2006년 6.65였지만

□ 소득5분위배율은 소득상위 20퍼센트(5분위) 계층소득/소득하위 20퍼센트(1분위) 계층소득을 말한다. 2006년 1분위 계층소득이 100만 원이었다면, 5분위 계층소득은 665만 원, 2010년 1분위 소득이 100만 원이라면 5분위 계층소득은 774만 원이라는 것이다.

2010년 7.74로 벌어졌다.[7] 베이비붐 세대가 은퇴를 시작하면서 자영업자의 수는 2012년 28.8퍼센트로 증가했다. 50대 창업자 수는 200만 명을 넘어섰다. 자영업 3년 생존율이 50퍼센트 이하여서 반 이상은 3년 내에 실패한다고 봐도 무방하다. 삼성경제연구소 『CEO Information』은 2012년의 키워드를 균열과 재통합으로 규정했지만, 이미 몇 해 전부터 균열이 아니라 배제는 심각하게 진행되어왔다.

우리 사회가 여전히 근대의 중심에 놓여 있기 때문에 배제와 포획은 중요한 기제로 작용한다. 계층, 분야, 지역, 냉전의 이데올로기가 만들어낸 경계와 폐쇄성, 기계적 효율성만을 내세우는 성장주의 등은 배제와 규율을 강제한다. 배제의 문제는 과잉의 문제와 밀접히 관련되어 있다. 과잉사회는 상대에 대한 거부 반응을 보여주기 때문이다.

우리 사회는 문화적·기술적으로 과잉 상태에 놓여 있다. 과잉은 디지털 테크놀로지의 급속한 확산과 관계된다. 디지털 테크놀로지를 빼놓고 지금의 문화를 논의하기는 어렵다. 디지털 테크놀로지 문화에서 특징적인 현상들 중에서 주목할 만한 요인은 두 가지다. 하나는 '재매개remediation'_8고, 다른 하나는 '상호작용성interactivity'이다.

미디어 문화의 역사는 재매개의 과정이었다. 사진은 회화를, 영화는 연극과 사진을, 텔레비전은 영화와 라디오를 재매개하면서 발전했다. 일반적으로 미디어는 다른 현상을 매개하는 것이다. 텔레비전 뉴스가 정치나 사회현장을 매개해서 전달하는 것처럼. 사진, 영화, 라디오, 텔레비전의 초기 역사는 기존 미디어가 갖고 있는 특성들을 어떻게 매개했는가를 잘 보여준다. 매개의 매개인 셈이다. 그러나 올드 미디어들은 특정 양식들을 재매개한 것이지 디지털 문화에서처럼 통합적인 양식들을 재매개한 것은 아니었다.

디지털 테크놀로지의 재매개는 우리가 실제로 현장에 있는 것 같은 느낌을 만들어내는 비매개immediacy와 그래픽, 텍스트, 비디오, 오디오, 데이터 등 다양한 결합방식을 통한 하이퍼매개hypermediacy를 통해서 구성된다._9 비매개는 매개하지 않는다거나, 3D, 증강현실, 시뮬레이션, HD, X.1 수준의 고음향 등으로 현실을 매개하는 것이 아니라 실제 현실 같은 느낌을 부여하는 것이다. 현실 같은 느낌의 부여, 인간의 감각을 확장하는 방식으로 비매개는 전개되고 있다. 하이퍼매개는 미디어의 연계성을 의미한다. 스마트폰, 스마트 TV, 웹, 앱, 클라우드 컴퓨팅cloud computing 등은 서로 밀접하게 연계되어 새로운 미디어 신경망을 구성하고 있다. 이것들이 만들어내는 것은 상호작용성의 확장이다. 미디어와 미디어, 인간과 미디어, 인간과 인간 사이 상호작용성은 급속한 속도로 확장되고 있다.

여기서 나의 관심은 디지털 테크놀로지 문화의 특징을 서술하는 것이 아니라 이것이 주체의 형성과 문화에 어떻게 투사되는가다.

데이비도▫는 상호작용성이 확장된 사회를 '과잉연결overconnected'의 시대로 규정한다._10 그에 따르면, 역사는 연결이전 상태underconnected, 상호연결 상태interconnected, 고도연결 상태highconnected, 과잉연결 상태로 진화해왔다.

과잉연결 상태. 각 주체들의 변화 속도가 너무 빨라 주변 환경이 변화 속도에 대처하지 못하는 단계다. 또는 그 반대 상황도 일어난다. 상호연결성이 높아지면서 주변 환경이 급변해 문화지체 현상이 일어나고 사회 주체들이 거기에 압도되어 대처하지 못한다._11

우리가 과잉연결의 시대에 살고 있다는 것에 대해서는 의심할 여지가 없다. 스마트폰은 우리의 일상생활을 재구성한다. 이제 일상생활은 '공간 중심적 조직화'에서 '시간 중심적 조직화'로 전환되었다. 더 이상 틈새시간, 잃어버린 시간, 빈 시간은 없다. 과잉연결은 과거에 비생산적이었던 시간들을 생산적·유희적 시간으로 바꾸어놓았다.

SNS의 급속한 변화도 과잉연결을 반영한다. SNS는 몇 년 사이 빠르게 변화해왔다. SNS 1.0은 관계기반, 감성중심의 마이크로 블로그다. 언론은 2007년을 '블로그의 해'로 불렀지만, 지금은 아주 오랜 기억처럼 느껴진다. SNS 2.0은 유튜브, 페이스북, 카카오톡, 트위터 등이다. 개인생산 콘텐츠들은 증가하고 수평적 관계는 확장되고 있

▫
William Henry Davidow. 인텔에서 마이크로프로세서 개발을 이끌며 수석 부사장을 지냈던 실리콘밸리 1세대 출신 학자. 각종 테크놀로지를 통한 과도한 연결성이 우리 사회의 문화적 지체를 낳을 수 있다는 주장으로 화제를 모았다.

나 혼자 있다는 불안감은 나 밖으로 확장하려는 욕망을 부추긴다.

우리는 과잉연결 시대에 살고 있지만, 어쩌면 '달팽이의 집' 속에서 살고 있는지도 모른다.

과잉연결은 불안으로부터의 탈주를 의미한다.

관계의 과잉은 관계의 결핍을 의미하기도 한다.

는 것처럼 보인다. 관계는 끊임없이 넓어지고 공유되는 정보도 넘쳐 난다. 이것들은 비밀을 간직하고 싶어하면서도 자신을 드러내고 싶은 대중의 욕망을 충족시킨다.

지금은 SNS 3.0으로 불릴 수 있는 '버티컬^{vertical} 서비스'가 증가 하고 있다. 핀터레스트, 인스타그램, 네이버밴드 등과 같은 버티컬 SNS는 트위터나 페이스북처럼 다양한 정보와 기능을 나열해 공유 하는 것과 달리 특정 관심분야를 공유하고 있다. SNS 1.0에서 SNS 3.0은 단계적으로 발전하는 것이 아니라 공진화하면서 혼재되어 있 다. 그러나 관계의 과잉은 관계의 결핍을 의미하기도 한다. 나 혼자 있다는 불안감은 나 밖으로 확장하려는 욕망을 부추긴다. 과잉연결 은 불안으로부터의 탈주를 의미한다. 우리는 과잉연결 시대에 살고 있지만, 어쩌면 '달팽이의 집' 속에서 살고 있는지도 모른다.

과잉연결이 만들어내는 것은 문화의 과잉이고 주체성의 과잉이 다. 과잉은 배제와 함께 허기를 만들어내는 힘으로 작동한다. 배제와 과잉은 경제적·정치적·문화적 현상에서 동시에 발생한다. 과잉연결 이 만들어내는 것은 복잡성과 비만 상태다.

사회 시스템 내외부에서 연결성이 높아진다는 것은 시스템의 아 주 작은 결함이 시스템 전체를 불능 상태로 이끌 수 있다는 것이다. 연결성이 강화되면 그만큼 상호의존성도 높아지기 때문이다. 많은 디 지털 테크놀로지 기술자와 산업은 상호작용성의 확장을 찬미한다. 과거의 일방적 관계에서 쌍방향성이 증가하고, 명령과 감시의 체계에 서 거부와 자율이 높아져서 그만큼 민주적 질서에 부합한다는 것이 다. 이 주장은 맞는 말이다. 그러나 그들이 놓치고 있는 것은 상호작 용성의 확대가 상호의존성의 증가도 초래한다는 사실이다.

서플
먼트

유령진동증후군이라는 이상한 병이 유행하고 있다. 이것은 회의나 일 때문에 휴대폰을 진동으로 조정해 놓은 후 발생한다. 휴대폰이 진동하지 않아도 누군가가 끊임없이 나에게 전화를 거는 듯 착각해서 자주 휴대폰을 열어보는 사람은 유령진동증후군을 앓고 있지 않은지 의심해봐야 한다.

디지털 네이티브로 불리는 젊은 세대는 유사 유령진동증후군을 수없이 앓는다. 디지털 네이티브는 전 세계 웹사이트의 골목길을 수없이 떠돌아다닌다. 이들은 디지털 환경 속에서 쉬는 법이 없다. 이들에게 여유란 없다. 여유는 지루함의 또 다른 표현일 뿐이다. 인터넷을 하지 않거나 휴대폰을 들고 있지 않으면 무엇인가 허전함을 느낀다.

디지털 문화가 만드는 속도감은 강박증을 초래한다. 우리 사회는 50년 전부터 압축성장이라는 속도전을 경험해왔다. 지금은 일상 속의 속도전이 심리적 강박증을 만들어내고 있다. 디지털 문화 환경은 우리에게 즉각적 반응을 요구해왔고, 동시에 우리도 즉각적으로 반응하지 않으면 인내하지 못하는 상황에 이르렀다. 친구에게 보낸 문자메시지에 대한 회신이 곧바로 오지 않으면, 친구가 바쁘구나 생각하는 것이 아니라, 짜증을 먼저 낸다. 곧바로 다시 "너, 문자 씹냐?"고 메시지를 보낸다. 참지 못하는 가벼움 속에서 살고 있는 것이다.

우리 대부분은 이 증후군을 앓고 있지만 우리는 병을 앓고 있다고 생각하지 않는다. 더 큰 문제는 디지털 시대의 강박증과 조급증이 일상의 의사소통을 지배한다는 데 있다. 말의 질서가 강박증과 조급증으로 채워지면, 개인적으로나 사회적으로 불통을 낳는다. 누구도 원치 않는 상황이지만, 우리 사회는 그런 방향으로 조급하게 달려가고 있는 것 같다.

'경향신문, 2011년 5월 31일자 필자의 칼럼 일부

의학적으로 비만 상태는 오랜 기간에 걸쳐 에너지 소비량에 비해 영양소를 과다 섭취해서 에너지 불균형이 생길 때 발생한다. 문화적 시각에서 보면, 정보의 과잉, 주체의 과잉은 사회적 불균형을 일으킬 수 있다. 보드리야르는 "정보의 과잉은 내재적으로 비만을 초래한다. 이 현상scene(비만상태의 몸과 같은)은 바로 끔직한 것ob-scene이 된다"고 주장했다. [12] 보드리야르는 오늘날처럼 디지털 테크놀로지 문화를 말한 것이 아니라 올드미디어, 여론조사의 과잉을 말한 것이어서 과장되었지만 지금 문화현상에서 보면 맞는 지적이다.

데이비도는 과잉사회가 뜻밖의 새로운 모습으로 변해가는 이유를 '포지티브 피드백positive feedback'◻ 때문이라고 지적한다. 여기서 포지티브 피드백은 추세를 강화하거나 반대로 약화시켜서 균형성을 깨는 것이다. 과잉연결은 루프loop라고 할 수 있는 순환적 경로를 통해 이루어지는데, 루프의 연결성이 계속 높아지면서 긍정성과 부정성의 강화가 나타난다. 보일러 온도조절기의 예를 들자면, 포지티브 피드백은 온도조절기로 하여금 '지금 더우니까 더 온도를 높이라'고 명령하고, '지금 추우니까 더 온도는 낮추라'고 명령하는 것과 같다. 이것은 긍정의 과잉과 부정의 과잉을 초래한다.

데이비도가 공학적인 입장에서 시스템의 과잉을 지적하고 있다

◻ 포지티브 피드백은 공학적 용어다. 반대 용어는 네거티브 피드백negative feedback이다. 네거티브 피드백은 추세를 완화하거나 중화시켜서 환경의 균형을 유지하는 작용을 하는 것이다. 난방장치의 예를 들어보자. 실내 온도가 너무 내려가서 시스템의 균형이 깨지면 온도조절기는 '너무 추우니 보일러를 켜'라는 신호를 보낸다. 온도가 너무 올라갈 때 또한 시스템이 불균형 상태가 되어, 온도조절기는 '너무 덥다'는 신호를 보내 보일러를 끄게 한다. 이와 같은 공학 시스템의 제어방식은 네거티브 피드백이고 그 반대는 포지티브 피드백이다.

면, 한병철은 철학자로서 병리학적 관점에서 과잉을 논의한다.[13] 한병철의 논리는 이렇다. 오늘날 사회는 20세기 규율사회에서 성과사회로 전이되었다. 규율사회가 타자의 부정성(사회제도를 위협하는 요소들의 배제)으로 규정되는 사회라면, 성과사회는 탈경계를 통해서 과잉의 긍정성이 지배하는 사회다. 규율사회가 타자의 부정성으로 정의되는 이유는 면역학적 패러다임에서 타자를 배제하거나 금지함으로써 유지되기 때문이다. 그의 병리학적 관점에서 보면, 규율사회는 전염성 질병인 바이러스가 지배하는 사회인데, 주체는 나를 위협하는 바이러스를 배제함으로써 유지될 수 있다. 그러나 오늘날 성과사회는 타자의 이질성이 소멸되고 경계가 흐려지는 혼종성의 사회다. 성과사회에서는 자기가 주도하는 능력이 강조되지만, 개인은 그렇게 하기 어렵기 때문에 신경성 폭력이 증가한다. 그는 긍정성의 과잉사회가 우울증과 낙오자를 만들어낸다고 주장한다.

우울증은 권위적 강제와 금지를 통한 규율적 행위조정의 모델이 만인에게 자기주도적으로 될 것, 자기 자신이 될 것을 요구하는 새로운 규범으로 대체되는 순간부터 나타난다. 우울증은 자기 자신이 되지 못한 탈근대적 인간의 조절에 대한 병리적 표현으로, 더 이상 '할 수' 있는 것이 없을 때, 아무것도 가능하지 않다는 것이 개인의 우울을 야기한다. 우울증은 새로운 증상이 아니다. 프로이트가 말했듯이 우울증이나 신경증은 이미 제1차 세계대전의 트라우마를 앓고 있던 시점에도 심각했었다. 다만 한병철의 주장처럼, 신경성 질환들, 이를테면 우울증, 주의력결핍과잉행동장애, 경계성성격장애, 소진증후군 등이 21세기 병리학적 상황을 지배하고 있는 것은 분명하다.

다른 나라도 마찬가지겠지만 적어도 한국에서 조울증과 우울증에 시달리는 개인들은 좀 더 심각한 수준에 놓여 있다. 건강보험공단 2008년 자료에 따르면, 2006년 건강보험으로 진료를 받은 정신질환 증상을 보인 환자들 중 우울증과 조울증을 포함한 감정장애환자는 5년 전 43만 명에서 63만 명으로 증가한 것으로 나타났다. 우울증은 전 인구의 15퍼센트 이상이 한 번 정도는 겪는 것으로 조사되었고, 장기 우울증 환자 중 10퍼센트는 자살로 삶을 마감한다. 통계청 자료에 따르면, 2008년 자살자가 총 1만2858명에 달하고 이중 20~30대의 자살자가 전체의 29.3퍼센트를 차지했다. 20~30대의 사망원인 중에서 자살이 1위고 이들이 자살에 이르게 된 심리적 상태를 보면 대부분 조울증에 시달렸다.[14]

한병철은 병리학적 관점에서 규율사회(근대사회)와 성과사회(탈근대사회)의 전이를 흥미롭게 논의하고 있다. 그러나 그가 긍정성의 과잉에 따른 소진과 피로를 설명하면서 탐욕과 생존을 양극화하는 물질적 관계나 정서의 양가성을 논의하는 것은 아니다. 탈근대사회를 성과사회로 규정한 것도 적절해 보이지 않는다. 왜냐하면 근대의 성장주의를 연상시키기 때문이다. 그가 한국 사회를 설명하는 것은 아니지만, 신경증이라는 병리적 현상을 제외하면 우리 사회의 문제들을 해명하는 데 그리 유용하지 않다. 지금 우리 상황에서는 규율사회의 요소인 차이와 배제가 더 큰 힘으로 작동하기 때문이다. 한국 사회는 규율사회와 성과사회의 중간지대에 위치해 있으며, 여전히 규율사회가 갖는 배제와 금지가 지배하고 있다. 우리 사회는 '규율 속의 성과' '성과 속의 규율' 그 사이에 위치한다.

> 한국 사회는
> 규율사회와 성과사회의
> 중간지대에 위치해 있으며,
> 여전히 규율사회가 갖는
> 배제와 금지가 지배하고 있다.
> 우리 사회는 '규율 속의 성과'
> '성과 속의 규율' 그 사이에
> 위치한다.

과잉의 문제는 배제의 문제와 밀접히 관련되어 있다. 이 둘은 별개의 요인이 아니다. 과잉사회에서도 상대에 대한 거부 반응이 심하게 나타나기 때문이다. 비록 나는 우리 사회의 허기를 초래하는 요인으로 경제적·이데올로기적 관점에서 배제를, 디지털 테크놀로지의 관점에서 과잉을 기술했지만 이 둘 사이에는 상호관계가 존재한다.

그렇다면 배제와 과잉의 문제가 한국 사회에만 국한된 것인가 질문을 제기할 수 있다. 물론 아니다. 배제와 과잉은 근대를 넘어 탈근대로 가는 서구 사회나 근대와 탈근대의 경계에 있는 한국 사회에서 공통적으로 나타나는 현상이다. 그러므로 꼭 한국적 현상이라고 말할 수는 없다. 그러나 문제는 배제와 과잉의 강도强度다.

우리 사회의 경제성장을 지칭하는 용어는 '압축성장'이었다. 압축성장의 자양분은 가능성의 실현이다. 사실상 모든 것은 다 가능해 보였다. 근대화 이후 설정된 경제 목표는 어느 정도 달성되어왔기 때문이다. 압축경제는 희생을 요구하면서, 우리는 할 수 있다는 낙관의 세계관도 만들었다. 그러나 우리 사회는 1997년 IMF 사태, 2008년 리먼브러더스 사태에서 시작된 글로벌 금융위기 등을 겪으면서 경제의 '장기침체' 상태를 경험하고 있다.

무엇이나 할 수 있다는 낙관의 세계관은 아무것도 할 수 없다는 비관의 세계관으로 대체되고, 사회적 균열은 급속히 커져가고 있다. 이 과정에서 대중이 느끼는 허기의 강도도 셀 수밖에 없다. 압축성장 시대에는 전체의 파이가 커지면 모두에게 돌아가는 몫도 늘어난다는 발전주의의 환상, 공동체적 연대감, 새로운 것에 대한 경이감 같은 것들을 유지할 수 있었다. 그러나 장기침체 국면에서는 이와 같은 환상과 기대감이 줄어들 수밖에 없다. 양극화에 대한 체감온도가 높아지면 그만큼 계급의식이 높아져야 하는데 실상은 그렇지 못한 듯하다. 한국 사회는 이런 모순적 관계에 놓여 있다.

한국 사회는 근대성의 논리가 지배하지만, 이것들을 거부하거나 해체하려는 강력한 움직임들도 공존한다. 한국 사회는 근대와 탈근대의 공진화$^{co-evolution}$ 상태에서 움직인다. 배제와 과잉은 문화를 형성하는 경계선의 양극단이다. 그러나 문화는 배제와 과잉의 양극단에 위치하는 것이 아니라 두 요인 사이에서 다양한 변종과 혼종을 만들어내면서 구성된다.

에필로그

허기사회를 넘어

게릴라 되기

한국 사회는 1997년 IMF 사태 이후 사냥꾼의 시대로 접어들었다. 그리고 신자유주의 정부가 들어서면서 속물지배의 사회가 되었다. 사냥꾼과 속물지배의 사회에서 대중이 느끼는 마음은 '정서적 허기'다. 우리 사회의 위장은 갈수록 비워지고 있다. 우리는 심각한 허기 사회에서 살고 있다.

바우만에 따르면, 우리 모두 사냥꾼이 되었다. 근대 이전 인간은 신이 설계한 자연의 조화를 지키는 사냥터지기였고, 근대의 인간은 정원사가 되어 세상을 계획하고, 관리하며 디자인했다. 지금 "우리 모두는 사냥꾼이다. 또는 사냥꾼이 되라는 말을 들으며, 사냥꾼처럼 행동하도록 요구받거나 강요당한다. 그렇지 않을 경우, 사냥감으로 전락하지는 않더라도 사냥꾼의 대열에 추방될 것이다."[1] 사냥꾼은 사냥터지기처럼 자연적 균형을 맞추려고 하거나 정원사처럼 설계를 통한 인위적 디자인에 관심이 없다. 오직 더 많은 사냥감을 포획하려는 생각뿐이다. 다른 사냥꾼들이 사냥을 그만둘 가능성이 거의 없기 때문에, 우리도 계속해서 사냥에 참여하지 않으면 안 된다. 사냥에 참여하지 못하면 배제되는 것이고, 무기력만을 보여줄 뿐이다.

아마도 지난 30여 년 동안 가장 탐욕스러운 사냥꾼이 있다면, 그들은 세계금융자본을 지배했던 자들일 것이다. 칼레츠키[□]는 신자유주의 시대에 노동자들의 실제 생활수준은 나빠졌으며, 이들의 가난한 생활은 자산가격의 사기적인 증가와 모기지 부채 증가로 감추어졌을 뿐이며 부채로 쌓아올린 자산가치가 무너지면서 중산층과 빈곤층이 얻는 것은 거의 없다고 말한다.[2] 자본주의가 변화하는 환경에 대응하여 진화하는 적응력 강한 사회 시스템이란 신념 속에서, 그는 지금의 금융위기가 자본주의 4.0이라는 시스템 전환의 촉매제가 될 것이라는 다소 희망 섞인 주장을 내세우고 있다. 이것은 누구나 바라는 바일 것이다.

□ Anatole Kaletsky. 균형잡힌 시각과 깊이 있는 분석, 통찰력 있는 예측으로 명망 높은 저널리스트. '자본주의 4.0'이라는 개념을 창안해 주목받았다.

그러나 사냥꾼과 속물지배의 시대에 사냥은 갈수록 치열해진다. 모두가 사냥꾼이 되었다는 바우만의 주장과 달리, 우리 모두가 사냥꾼이 된 것은 아니다. 단지 노련한 일부 사냥꾼들만이 사냥꾼의 대열에서 행복한 순간을 맛보고 있을 뿐이고, 나머지는 그 대열에서 이탈되어 뒤처지고 있다. 우리 시대의 그들은 바로 정리해고나 비정규직이거나 자영업으로 내몰린 사람들이다.

사냥꾼의 사회에서는 아무도 남을 돌보지 않는다. 여기서 생존하는 방법은 게릴라가 되는 것이다. 2000년대 이후 한국 문화에서 보인 중요한 특징은 '실천적 주체로서 대중의 부상'이었다._3 대중은 하나의 단일한 집합체가 아니라 '유랑하는 주체들의 집합'을 의미한다. 이들은 단일한 이념이나 문화 형식을 고집하지 않는다. 개인적 자유주의자이면서도 다양한 하위 공동체를 구성하고 왕래한다. 이 공동체는 가상공간과 현실공간을 왕래하기도 하고, 혁신적인 방법으로 문화를 만들어내기도 했다.

이 주체들은 권력과 제도 속에서 상상력을 발휘하며 저항하고, 제도화된 틀 속에 갇히기를 거부한다는 점에서 게릴라의 행보와 유사하다. 물론 이들은 전통적 의미의 게릴라는 아니다. 이들은 특정 지역이나 변방에 머무르지 않고 특정 이념에 빠져 있지 않기 때문이다. 이들은 창의적인 사고력과 실천 의지를 지니고 있는데, 세상을 현실의 공간이자 '놀이판'으로 이해하는 것처럼 보인다.

2000년대 초반 이후 게릴라들이 구성해낸 것 중 하나는 광장이었다. 여기서 광장은 오프라인의 광장만을 의미하는 것이 아니라 온라인의 광장도 포함되어 있다. 온라인이나 SNS 공간은 게릴라의 싸

'사냥꾼의 사회에서는 이

도 남을 돌보지 않는다'

움이 벌어지는 난장의 영역이다. 이제는 숲이나 산이 아니라 가상 공간도 게릴라의 활동무대가 된 것이다. 이들은 가상공간에서 진지전을 구축하기도 하고, 현실공간에서 기동전을 펼치기도 한다.

〈나는 꼼수다〉의 멤버들은 게릴라들이었다. 비록 크게 주목은 받지 못했지만, 2011년 7월 16일 한국판 '슬럿워크slut walk'□로 등장한 '잡년행진'도 여성 게릴라다. 잡년행진은 야한 옷차림과 늦은 귀가 등이 강간의 원인으로 지적되는 성범죄의 불합리한 정당화에 대한 반反성폭력 게릴라 운동이다. 옷을 통한 자신의 표현, 신체의 자유 그리고 일이나 상황에 따라서 늦게 귀가한다고 해서 성범죄는 정당화될 수 없다. 한진중공업 사태를 이끈 김진숙도 '노동 게릴라'다. 한진중공업 정리해고에 반대하며 300여 일간 초인적인 고공농성을 해온 김진숙 지도위원은 사회적 약자에 대한 연대와 관심, 정의와 희망에 대한 갈망을 치열하게 보여주었다.

토크콘서트도 일종의 게릴라 문화다. "정치권에 '콘서트'라는 새로운 정치문화가 확산되고 있다. 토크쇼와 인디밴드의 공연, SNS를 통한 실시간 대화를 섞은 콘서트에는 한 번에 수천 명의 청중이 자발적으로 몰려들고 있다. 일종의 게릴라식 문화소통방식이다."_4 토크콘서트를 이끄는 주체들은 '문화 게릴라'로 불릴 수 있다. 이들은 변

□ 슬럿워크는 2011년 1월 요크대 안전교육 강연에서 마이클 생귀네티라는 경찰관이 "여자들이 성폭행 희생자가 되지 않으려면 '매춘부slut'처럼 옷을 입고 다니지 말아야 한다"고 한 발언이 발단이 된 시위다. 4월 3일 토론토에서 3000명이 모여 성폭행 피해자의 야한 옷차림을 문제삼는 사회를 향해 시위를 벌였다. 7월 초까지 보스턴, 시애틀 등 북미 주요 도시와 런던, 시드니 등 세계 60여 개 도시로 시위가 이어졌다.

방으로부터 중심으로 이동하고 있으며, 기성 제도 밖에 머무르는 것이 아니라 스스로 제도를 만들어냈다. 토크콘서트를 주도한 이들은 대체로 1960년대 초중반 생으로 386세대에 속해 있는 사람들이다. 안철수(1962년생), 공지영(1963년생), 박경철(1964년생), 조국(1965년생), 김어준(1968년생) 등은 온라인에서 뿐만 아니라 오프라인에서도 토크콘서트를 주도하고 있다. 토크콘서트는 386세대의 게릴라적 문화로의 귀환 장소라고 볼 수 있다.

게릴라가 된다는 것은 게릴라 담론을 생산해야 한다는 것과 같다. 담론을 권력관계가 내재된 내러티브라고 본다면, 권력의 허위를 무너뜨리는 게릴라 담론을 생산하는 일은 무엇보다 중요하다. 〈나는 꼼수다〉, 잡년행진, 김진숙, 토크콘서트의 주도 세력들은 새로운 담론을 제시하면서 부상했다. 이밖에도 한국 사회에 대한 청년의 도전으로 '오늘 나는 대학을 그만둔다. 아니 거부한다'는 김예슬의 선언도 도발적인 담론이었다. 김예슬은 대학이 자본과 대기업의 인간제품을 조달하는 하청업체라는 도전적 선언을 통해서 스펙 위주의 한국 사회를 비판했다. 대학 교육 역시 신자유주의 굴레에서 벗어나지 못하는 상황에서 김예슬의 선언은 청년의 도발이기도 하면서 무너진 대학 교육에 대한 통렬한 비판이었다.

게릴라는 네트워크 개인주의의 연대를 의미하기도 한다. 김예란은 디지털 미디어 시대에 문화는 다양한 조각으로 분리, 재구성되어 네트워크로 편입되면서 개인주의가 강화되고 있다고 지적했다.[5] 그녀는 다른 한편으로 개인의 선택과 접근을 유도함으로써 정치이념이나 계급적 동질성을 매개하는 대신 취향이나 라이프스타일 등의 문화자본에 기초한 새로운 공동체의 가능성도 제안했다. 계급과 세대가 수렴되어 있는 우리 사회의 현 단계에서 과연 정치이념과 계급이 배제된 문화적 응결체가 어떤 역할을 수행할 수 있는지 의문이지만, 네트워크의 활용이 새로운 게릴라 공동체를 묶어낼 개연성은 충분하다.

허기사회는 자기위로에 빠지는 문화를 생산해낸다. 앞서 살펴봤듯이 우리 사회의 허기문화는 퇴행, 모방욕망 그리고 분노의 표출로 특징지어진다. 나는 이와 같은 경험들이 용해되어 나타난 우리 시대의 마음들을 정서적 허기로 표현했다. 대중이 사회와의 긴장 관계 속에서 불안이나 혼란과 같은 정서적 경험을 느끼는데, 그 정서가 사회 밖으로 분출되지 못하고 개인적·심리적 수준에서 자기위로라는 감정으로 해소된다. 프롤로그에서 탐식환자의 예를 통해서 논의했듯이, 탐식과 식탐은 먹는 문제가 아니라 무기력증이라는 마음의 문제였다. 우리 사회의 정서적 허기 역시 공허감에 기인한다.

　이 공허감을 어떻게 메울 수 있을까? 한병철은 깊은 사색주의를 강조한다.[6] 사색적 능력의 상실은 활동적인 삶을 절대화해서 히스테리와 신경증을 낳은 원인이 되고 있다고 믿기 때문이다. 사색의 결핍은 새로운 야만 상태를 초래할 뿐이라는 것이다. 바우만의 진단도 유사하다. 바우만은 SNS에 몰입하는 한 소녀의 예를 통해서 소녀는 혼자 지낼 수 있는 기술을 배워볼 기회조차 가져보지 못했다고 말한다. 사람들은 자신들의 근육이나 상상력 같은 것을 활용해서 공허감에서 빠져나올 수단을 잃어버리고 있다는 것이다.[7] 바우만이 말하는 '고독을 잃어버린 시간'은 깊은 사색주의를 잃어버린 시간을 의미한다. 성찰의 시간은 분명히 회복되어야 할 가치지만, 이 철학자들의 주장이 새롭게 다가오는 것은 아니다.

　오히려 나는 2011년 가장 주목할 만하고 기억에 남을 의례였던 '희망버스'에서 하나의 가능성을 찾고자 한다. 희망버스는 촛불집회의 성공적인 '코드변환transcoding'이었다. 이도흠은 "희망버스가 한국 노동운동이 거의 종업원 이익단체로 전락한 상황에서 '공감의 연대'를 바탕으로…… '너의 문제'에서 '나의 문제로 전환시킨 성공적인 대중운동이었다"고 평가한다.[8] 그러나 여기서 주목하고 싶은 것은 희망버스라는 의례 자체뿐만 아니라 새롭게 등장한 주체 개념인 '눈부처 주체'다.

어느 사회에나 갈등은 필연적으로 존재한다. 그러나 이 갈등은 배제의 논리로 풀어지지 않으며, 당위적 화해나 통합으로도 해결되지 않는다. 이 갈등이 폭력이 되는 이유는 동일성의 논리 때문이거나 외양만이 봉합된 긍정성의 세계 속으로 빠지기 때문이다. 긍정성이 확대되면 부정성도 함께 떠오를 뿐이다. 동일성이 커져가면 타자와 나를 분리함으로써 배제의 논리가 지배한다. 저들이 사라져야 내가 행복하다는 의식의 폭력은 현실적 폭력으로 나타난다. 아우슈비츠나 난징 대학살은 동일성과 긍정성의 과잉으로 나타난 극단적 현상이었다.

눈부처는 나는 타자로 인하여 나이고 타자가 곧 나인 것을 자각하여 타자를 나처럼 끔찍이 보듬어주고 사랑하는 변동어이辨同於異의 사유를 의미한다. 이도흠은 원효의 화쟁사상에 기대어 동일성의 패러다임에서 타자를 배제하고 폭력을 가하는 것을 지양하려면 대중은 눈부처 주체로 거듭나야 한다고 주장한다.

눈부처의 상생은 내 안의 타자, 타자 안의 내가 대화를 하여 하나로 어우러지는 것이다. 이는 두 사람이 서로 감성에 의해 차이를 긍정하고 몸으로 상대방을 수용하고 섞이면서 생성된다. 나와 타자 사이의 진정한 차이와 내 안의 타자를 찾아내고서 자신의 동일성을 버리고 타자 안에서 눈부처를 발견하고서 내가 타자가 되는 것이 눈부처의 차이이자 상생이다.[9]

눈부처란 상대방의 눈동자를 똑바로 바라보면 상대방의 눈동자 안에 비춰진 내 형상을 말한다. 눈부처는 상호존중을 의미하고, 나의 진정한 실체를 상대방을 통해서 발견하는 것이다. 내 모습 속에 숨어 있는 부처, 곧 타자와 공존하려는 마음이 상대방의 눈동자로 비추어진다는 것이다. 눈부처는 내 모습이니 나이기도 하고, 상대방의 눈동자에 맺혀진 상이니 너이기도 하다. 이를 바라보는 순간 상대방과 나의 구분은 사라진다.

눈부처 주체는 눈부처에 주체가 실천적 행위자라는 개념이 더해진 것이다. 나의 진정한 실체를 상대방을 통해서 찾는 인식을 넘어서서 실천적 행위까지 나아가는 것이다. 바로 우리 사회에서 발생하는 수많은 문제를 '너의 문제'에서 나와 떨어져 바라보기보다 눈부처처럼 '나의 문제'로까지 전환해서 세상을 포용할 수 있다면, 그보다 정의로운 일은 없을 것이다. 이것이 바로 미덕이고 공동선이다.

아무도 남을 돌보지 않는 시대에 모든 상황은 상호존중이 아니라 상호배제이며, 나를 버리는 것이 아니라 나만 집착하는 즉 '나는 나이고 너는 너'라는 논리만이 지배한다. 눈부처 주체는 불의와 세계의 부조리에 저항해 새로운 세계를 만들면서도 타자의 고통에 공감하고 연대하는 주체를 의미한다. 그러니 허기사회에서 눈부처 주체만큼 지독히도 아름다운 대안은 없을 것이다.

내 그대 그리운 눈부처 되리

　　　　그대 눈동자 푸른 하늘가

　　　　　　　　잎새들 지고 산새들 잠든

그대 눈동자 들길 밖으로

　　　　내 그대 일평생 눈부처 되리

　　　　　　　　　　　- 정호승, 「눈부처」 중에서

주

프롤로그 '빈 밥그릇'의 허기

1. Damasio(2003/2007)
2. Hochschild(2003/2009)
3. Gould(2007)

1장 퇴행적 위로

1. Illouz(2007/2010)
2. Illouz(2007/2010, 95쪽)
3. 류한소(2012, 209~210쪽)
4. 김수미(2012)
5. http://blog.daum.net/bongraesan/1201
6. 김상훈 외(2009, 231쪽)

2장 나르시시즘의 과잉

1. Girard(1972/1993)
2. 윤태진(2011)

3_ 문강형준(2010, 199쪽)

4_ Grossberg(1992)

5_ 고재석(2011, 82쪽)

6_ Kernberg(1975/2008)

7_ Lash(1978/1989, 14쪽)

8_ 인어공주 콤플렉스는 김보경·이윤혜(서울여대 방송영상학과)의 아이디어를 차용했다.

3장 속물성에 대한 분노

1_ Rosenkranz(1853/2008)

2_ 이기형(2011)

3_ 최규창(2012, 147쪽)

4_ 김우창(2008, 51쪽)

5_ Sandel(2009/2010, 362쪽)

6_ 안병직(2007)

4장 허기의 상황들

1_ Agamben(1995/2007, 156쪽)

2_ Foucault(1979/1988)

3_ 정용택(2009)

4_ 엄기호(2009)

5_ 박권일·우석훈(2007)

6_ 엄기호(2010)

7_ 통계청(2011)

8_ Bolter & Grusin(1999/2006)

9_ Bolter & Grusin(1999/2006)

10_ Davidow(2011/2011)

11_ Davidow(2011/2011, 31쪽)

12_ Baudrillard(1988, 210~211쪽)

13_ 한병철(2012)

14_ 이동연(2010, 87쪽)

에필로그 허기사회를 넘어

1_ Bauman(2007/2010, 160쪽)

2_ Kalesky(2010/2011)

3_ 주창윤(2010)

4_ 『조선일보』 2011년 9월 5일자 기사

5_ 김예란(2012)

6_ 한병철(2012)

7_ Bauman(2010/2012)

8_ 이도흠(2012)

9_ 이도흠(2010, 138쪽)

참고문헌

고재석, 2011, 『스무살, 정의를 말하다』, 미다스북스.
김난도, 2010, 『아프니까 청춘이다』, 쌤앤파커스.
김난도 외, 2012, 『트렌드코리아 2013』, 미래의창.
김두식, 2012, 『욕망해도 괜찮아』, 창작과비평사.
김상훈 외, 2009, 『앞으로 3년 세계 트렌드』, 한스미디어.
김수미, 2012, 「한국 치유문화(healing/therapy culture) 작동의 정치학」, 한국언론학회·한국방송학회 송년세미나(2012년 12월 14일) 토론문.
김우창, 2008, 『정의와 정의의 조건』, 생각의나무.
김예란, 2012, 「'스마트' 체제에 대한 이론적 고찰: '장치'와 '주체의 윤리학'의 관점에서」, 『언론과 사회』 20권 1호, 178~226.
김홍중, 2009, 『마음의 사회학』, 문학동네.
류한소, 2012, 「신자유주의적 위로·치유문화」, 『문화과학』 69호, 206~213.
문강형준, 2010, 「〈슈퍼스타 K2〉, 혹은 신자유주의 시대의 스펙타클」, 『시민과 세계』 제18호, 186~201.
삼성경제연구소, 2012, 『CEO Information』(817호), 2012.1.11.
안병직, 2007, 「한국 사회에서의 '기억'과 '역사'」, 『歷史學報』 제193집, 275~306.
엄기호, 2009, 「'정치'적 죽음, '역사'적 죽음, 정치의 죽음」, 당대비평 기획위원회 엮음, 『아무도 기억하지 않는 자의 죽음』, 산책자.
──── , 2010, 『이것은 왜 청춘이 아니란 말인가』, 푸른숲.

우석훈·박권일, 2007, 『88만원 세대: 절망과 시대에 쓰는 희망의 경제학』, 레디앙.

윤태진, 2011, 「정서적 참여와 실재(reality)의 재구성: 한국 리얼리티 텔레비전 쇼의 작동방식에 대한 고찰」, 『방송문화연구』 제23권 2호, 7~36.

이기형, 2011, 「<나꼼수>가 그려내는 문화정치의 명암: 언론기능의 퇴영과 한국사회 일그러진 말들의 풍경 속에서 대항적인 미디어 콘텐츠의 함의를 맥락화하기」, 2011년 한국언론학회·한국방송학회 송년 세미나 토론문.

이도흠, 2010, 「마음의 깨달음과 정치 참여의 화쟁: 원효와 맑스」, 『문화과학』 64호, 126~149.

──, 2012, 『자료정리: 희망버스와 민교협』(미발표자료).

이동연, 2010, 「감정의 양가성: 연예인에 대하여」, 『문화과학』 64호, 86~106.

정용택, 2009, 「'종교'가 되어버린 광장의 애도에 대하여」, 당대비평 기획위원회 엮음, 『아무도 기억하지 않는 자의 죽음』, 산책자.

주창윤, 2010, 『대한민국 컬처코드』, 21세기북스.

──, 2012, 「좌절한 시대의 정서적 허기: 윌리엄스 정서의 구조 개념 비판적 적용」, 『커뮤니케이션 이론』 8권 1호, 142~176.

최규창, 2012, 『고통의 시대, 광기를 만나다』, 강같은평화.

한병철, 2012, 『피로사회』, 김태완 옮김, 문학과지성사.

혜민, 2012, 『멈추면, 비로소 보이는 것들』, 쌤앤파커스.

Agamben, G., 1995, *Homo Sacer II: Il Potere Sovrano La Nuda Vita*, 『호

모 사케르: 주권 권력과 벌거벗은 생명』, 박진우 옮김, 새물결, 2007.

Baudrillard, J., 1988, *Jean Baudrillard: Selected Writings*, Mark Poster, (Ed.), Oxford: Polity Press.

Bauman, Z., 2007, *Modus Vivendi: Infemo e Utopia del Mondo Liquido*, 『모두스 비벤디: 유동하는 세계의 지옥과 유토피아』, 한상석 옮김, 후마니타스, 2011.

Bauman, Z., 2010, 44 *Letters from the Liquid Modern World*, 『고독을 잃어버린 시간: 유동하는 근대 세계에 띄우는 편지』, 조은평·강지은 옮김, 동녘, 2012.

Bolter, D., & Grusin, R., 1999, *Remediation: Understanding New Media*, 『재매개: 뉴미디어의 계보학』, 이재현 옮김, 커뮤니케이션북스, 2006.

Damasio, A., 2003, *Looking for Spinoza: Joy, Sorrow and the Feeling Brain*, 『스피노자의 뇌』, 임지원 옮김, 사이언스북스, 2007.

Davidow, W., 2011, *Overconnected: The Promise and Threat of the Internet*, 『과잉연결시대』, 김동규 옮김, 수이북스, 2011.

Durkheim, E., 1895, *Rules of Sociological Method*, 『사회학적 방법의 규칙들』, 윤병철 옮김, 새물결, 2001.

Foucault, M., 1979, *Discipline and Punish: The Birth of the Prison*, 『감시와 처벌: 감옥의 역사』, 오생근 옮김, 나남출판, 1988.

Girard, L., 1972, *La Viloence et le Sacré*, 『폭력과 성스러움』, 김진식·박무호 옮김, 민음사, 1993.

Grossberg, L., 1992, *We Gotta Get out of the Place: Popular Conservatism* and *Postmodern Culture*, London: Routledge.

Gould, R., 2007, *Shrink Yourself: Break Free from Emotional Eating Forever!*, New Jersey: John Wiley & Sons.

Hochschild, A., 2003, *The Managed Heart: Commercialization of Human Feeling*, 『감정노동』, 이가람 옮김, 이매진, 2009.

Illouz, E., 2007, *Cold Intimacies: Making of Emotional Capitalism*, 『감정자본주의』, 김정아 옮김, 돌베개, 2010.

Kaletsky, A, 2010, *Capitalism 4.0: The Birth of a New Economy*, 『자본주의 4.0: 신자유주의를 대체할 새로운 경제 패러다임』, 위선주 옮김, 컬처앤스토리, 2011.

Kernberg, O., 1975, *Borderline Conditions and Pathological Narcissism*, 『경계선 장애와 병리적 나르시시즘』, 윤순임 외 옮김, 학지사, 2008.

Lasch, C., 1979, *The Culture of Narcissism*, 『나르시시즘의 문화』, 최경도 옮김, 문학과지성사, 1989.

Rosenkranz, K., 1853, *Aesthetik des Hässlichen*, 『추의 미학』, 조경식 옮김, 나남, 2008.

Williams, R., 1961, *The Long Revolution*, New York: Columbia University Press.

─────, 1977, *Marxism and Literature*, London: Oxford University Press.

『동아일보』(2011.12.1), '나꼼수' 과장됐지만, 흥미 69.4%, 문제있다 19.8%.

『조선일보』(2011.6.25), 상반기 베스트셀러로 본 한국 사회의 3대 키워드.

『조선일보』(2011.9.5), 문화게릴라 앞에 정치권 또 긴장.

아케이드 프로젝트 002
허기사회
ⓒ 주창윤 2013
*이 저술은 2012년도 서울여자대학교 사회과학연구소 교내학술연구비의 지원을 받았음

1판 1쇄 | 2013년 5월 6일
1판 3쇄 | 2017년 9월 28일

지은이 | 주창윤
펴낸이 | 강성민
편집장 | 이은혜
편   집 | 박은아 곽우정 김지수 이은경
편집보조 | 임채원
마케팅 | 이연실 이숙재 정현민
홍   보 | 김희숙 김상만 이천희

펴낸곳 | (주)글항아리 출판등록 | 2009년 1월 19일 제406-2009-000002호

주   소 | 10881 경기도 파주시 회동길 210
전자우편 | bookpot@hanmail.net
전화번호 | 031-955-8891(마케팅) | 031-955-2670(편집부)
팩   스 | 031-955-2557

ISBN   978-89-6735-051-2 03300

· 이 책의 판권은 지은이와 글항아리에 있습니다.
· 이 책 내용의 전부 또는 일부를 재사용하려면 반드시 양측의 서면 동의를 받아야 합니다.

· 글항아리는 (주)문학동네의 계열사입니다.

· 이 도서의 국립중앙도서관 출판시도서목록(CIP)은 e-CIP홈페이지(http://www.nl.go.kr/ecip)와
  국가자료공동목록시스템(http://www.nl.go.kr/kolisnet)에서 이용하실 수 있습니다.
  (CIP제어번호: CIP2013004656)